Peter Ebeling

Verkaufserfolge sind kein Zufall

166 neue Tips und Tricks

Die Deutsche Bibliothek – CIP-Einheitsaufnahme

Ebeling, Peter:
Verkaufserfolge sind kein Zufall : 166 neue Tips und Tricks / Peter Ebeling. –
München ; Landsberg am Lech : mvg-verl., 1993
   (Business-Training ; 1140)
   ISBN 3-478-81140-6
NE: GT

Das Papier dieses Taschenbuchs wird möglichst umweltschonend hergestellt und
enthält keine optischen Aufheller.

Umschlaggestaltung: Gruber & König, Augsburg
Druck- und Bindearbeiten: Presse-Druck Augsburg
Printed in Germany 081 140/193802
ISBN 3-478-81140-6

Inhalt

Vorwort

Ein wichtiger Spruch für alle Verkäufer im Innen- und Außendienst: „Das Beginnen wird nicht belohnt, einzig und allein das Durchhalten." (Katharina von Siena 1347–1380)

In fast zwanzigjähriger Trainingspraxis im Bereich der Rhetorik und des Verkaufs habe ich erkannt, wonach viele Verkäufer suchen; nach der Antwort auf die Frage: „Wie kann ich es dem Kunden wirklich am besten sagen?" Deshalb sind Worte, Sätze und psychologische Formulierungen so eminent wichtig und ausschlaggebend im Verkaufsprozeß. Sie entscheiden schon oft frühzeitig über Erfolg oder Mißerfolg, Kauf oder Nicht-Kauf.

Ein geschultes Ohr hört sofort einen Mißklang aus einem Verkaufsgespräch heraus und kann schnell die entsprechende Kundenreaktion „vorausdenken". Das Leben wird in noch viel stärkerem Ausmaß als allgemein angenommen aus der Wirkung von Aktion und entsprechender Reaktion bestimmt: positive Worte – positive Reaktion, negative Worte – negative Reaktion. Diese Erkenntnis sagt uns, wie wichtig es ist, Gesprächspartner oder Zuhörer frühzeitig in Ja-Stimmung zu bringen. Deshalb ist ein wichtiger Lehrsatz: „Bringen Sie den Kunden während des Gesprächs gedanklich nicht in eine Nein-Stimmung, schon gar nicht zu Beginn eines Gesprächs."

Viele spätere, noch so positive Worte können am Beginn gemachte negative Aussagen nicht mehr korrigieren oder tilgen.

In mühseliger Kleinarbeit, durch geduldiges Zuhören und fleißiges Notieren wurden aus vielen Branchen und Bereichen Verkaufsgeschichten, Verkaufsideen und Verkaufsformulierungen für Sie, den Leser, gesammelt. „Große Objekte werden oft durch kleine Ideen und gute Formulierungen verkauft."

Ein Dankeschön an alle die, denen ich hinter dem Ladentisch, bei der Zusammenarbeit im Außendienst oder bei Kundenbesuchen über die Schulter schauen durfte. Ebenso ein herzliches Dankeschön für die vielen Anregungen, die ich aus unseren Seminaren für Rhetorik und Verkauf erhielt. Und bitte bedenken Sie: Wer bewußt Formulierungen aus dem Alltag in sich aufnimmt, sie bedenkt und durchdenkt, entdeckt eine neue Welt. Viel Glück und Freude dabei!

PETER EBELING
Bad Schwalbach   JANUAR 1993

1   Die wichtigste Person im Unternehmen

„Ein Kunde ist die wichtigste Person in unserem Unternehmen. Gleichgültig, ob er persönlich da ist, ob er schreibt oder telefoniert. Ein Kunde hängt nicht von uns ab, sondern wir von ihm. Ein Kunde ist keine Unterbrechung unserer Arbeit, sondern ihr Sinn und Zweck. Wir tun ihm keinen Gefallen, indem wir ihn bedienen, sondern er tut uns einen Gefallen, wenn er uns Gelegenheit gibt, es zu tun. Ein Kunde ist kein Außenstehender, sondern ein lebendiger Teil unseres Geschäftes. Ein Kunde ist keine kalte Statistik, sondern ein Mensch aus Fleisch und Blut, mit Vorurteilen und Irrtümern behaftet. Ein Kunde ist nicht jemand, mit dem man ein Streitgespräch führt oder seine Intelligenz mißt. Es gibt niemand, der je einen Streit mit einem Kunden gewonnen hat. Ein Kunde ist jemand, der uns seine Wünsche bringt. Unsere Aufgabe ist es, diese Wünsche gewinnbringend für ihn und uns zu erfüllen."

(Quelle: unbekannt)

Methode:
- Kunden in den Mittelpunkt stellen
- Kundenorientiertes Denken
- Zielsetzung: Zufriedene Kunden

Ratschläge und Regeln:
- Diese oben geschilderte Einstellung sollte in jeder Verkaufsabteilung herrschen.
- Die ganze Bedeutung des Kunden kommt uns erst richtig zum Bewußtsein, wenn wir diese Passagen lesen.
- Kundenzufriedenheit sollte das Hauptziel unserer Arbeit sein.
- Zufriedene Kunden sichern das Geschäft von morgen.
- Diese Zeilen sollte jeder Mitarbeiter einer Firma ständig vor Augen haben.

2   ... und ein Täßchen Kaffee danach?

In der Gastronomie gehen täglich Tausende von Mark verloren, weil viele dort Tätige reine Abfrager sind. Auch ein Restaurant lebt vom Umsatz und Zusatzverkauf. Die Kunden möchten in netter Atmosphäre bedient werden. Die geschickten Formulierungen der Kellnerinnen und Ober können wesentlich zum Umsatzerfolg beitragen.

Zum Beispiel könnte der Ober nach dem Essen, beim Abservieren des Geschirrs fragen: „Möchten Sie jetzt noch ein Täßchen Kaffee?" (Viele kommen nicht einmal auf die Idee, diese Frage zu stellen.) Oder: „Und nun vielleicht einen guten Cognac als Abschluß (... ein leckeres Dessert, frische Erdbeeren, ein gemischtes Eis etc.)?"

Wer nett und freundlich fragt, vielleicht noch mit einem schelmischen Augenzwinkern, bekommt meistens eine positive Antwort. Latente Wünsche können immer angesprochen werden. Und die Gäste fühlen sich dann auch wirklich gut bedient.

Methode:
- An Zusatzverkauf denken
- Dienste anbieten

Ratschläge und Regeln:
- Fragen Sie sich, was den Kunden/Gast noch erfreuen könnte.
- Meiden Sie plumpe, direkte Fragen.
- Bieten Sie mit Witz, Charme und Eleganz an.
- Achten Sie dabei auf Mimik und Gestik, und machen Sie es dem Kunden/Gast leicht, sich zu entscheiden.

3   Die Tandem-Idee

Der Besitzer eines gut geführten Friseursalons in St. Peter-Bad –
wer schon einmal dort war, kennt sicher das Eckgeschäft „Fri-
seurkunst Biostetik" – hatte eine wirklich ausgefallene Idee, seinen Kunden nicht nur einen zusätzlichen Service zu bieten, sondern damit auch gleichzeitig eine gute Werbung für sein
Unternehmen zu betreiben: Er machte sich den Wunsch vieler
Kur- und Urlaubsgäste zunutze, statt zu Fuß zu gehen, lieber mit
einem Fahrrad durch die schöne Gegend zu radeln; Doppelsitz-
räder, sogenannte Tandems, erfreuen sich dabei besonderer
Beliebtheit, weil – zu zweit genossen – alles ein wenig reizvoller
ist!
So besorgte sich dieser clevere Friseurmeister eine gewisse Anzahl
Tandems, brachte zwischen den Sitzen ein ansprechendes Werbe-
schild an und stellte sie vor dem Geschäft auf – zur Benutzung
seitens der Kunden. Darauf rollten nicht nur die Räder der Tandems, sondern auch „die Rubel in die Kasse".

Methode:
- Einsatz von Lockmitteln
- Ausnutzung der „Gesundheitswelle"
- Schaffung von Anziehungsobjekten

Ratschläge und Regeln:
- Überlegen Sie sich, wie und mit was sich Ihre Kunden –
  hier die Urlaubs- und Badegäste – ihre Freizeit vertreiben
  können. Nutzen Sie diese „Beschäftigungen" für Ihre Werbung und zusätzlichen Serviceleistungen.
- Vergessen Sie dabei die „Gesundheitswelle" nicht, von der
  sich, besonders in jüngster Zeit, so mancher gern tragen
  läßt.
- Jede zusätzliche Kundendienstleistung bringt potentielle
  Kunden ins Haus. Wer einmal Ihren Laden betrat, kommt
  dann sicher wieder.
- Gehen Sie ruhig auch einmal einen etwas ungewöhnlichen
  Weg. Vielleicht bringt gerade der Ihnen den Erfolg!

Tip für:	o Produktmanager	o Fachgeschäfte
	o Werbeberater	o Buchhandel
	o Drogerien	

4 So lockt man Feriengäste ins Geschäft

Während meines Urlaubs in Freudenstadt entdeckte ich folgendes:

Auf der Kopie der Kuranmeldung war ein Gutschein von der Firma Pino, chemische Fabrik, Freudenstadt, angebracht, für eine Gratisprobe Balneodor Creambad. Bedingung für den Erhalt der Gratisprobe war allerdings die Einlösung beim örtlichen Fachhandel. Ferner war dieser Gutschein auch gleichzeitig ein Los. Die Zusendung eines etwaigen Gewinns wurde – nach Auslosung – an die Heimatadresse versprochen. Auf der Rückseite dieses Coupons fand der erfreute Leser dann noch den Hinweis: „Im Fachhandel sehen Sie unser Sortiment ‚Original Schwarzwälder Badezusätze‘." Und: „Wäre das nicht ein schönes Mitbringsel aus dem Urlaub?"

Methode:
- Nach dem Motto: „Mit Speck fängt man Mäuse . . ." arbeiten. (Denn wer im Fachhandel die Gratisprobe abholt, kauft vielleicht noch etwas anderes!)
- Einsatz von „Gutschein kombiniert mit Los"
- Angebot von Gratisproben

Ratschläge und Regeln:
- Die Kombination: Los mit einem Gutschein erhöht die Einlöserate.
- Urlaubsgäste haben viel Zeit und schlendern gern ein wenig herum. Warum dann nicht gleich die Gratisprobe holen – und die anderen Dinge betrachten und kaufen?
- Eine kleine Gratisprobe verschafft unter Umständen einen nicht zu verachtenden Umsatz.
- Ständig an neue Ideen denken, die werbewirksam sind und einen guten Absatz garantieren!

Tip für:	o **Apotheken**	o **Direktwerbung**
	o **Drogerien**	o **Verkaufsförderer**

5   Tabletten schluckt man mit Wasser

Ich verbrachte einmal einige Tage in Urach bei Reutlingen. Im Hotel „Zum Faß" entdeckte ich im Badezimmer zwei hübsche Gläser auf der Spiegel-Konsole – an sich nichts besonderes! Aber: Sie trugen die Adresse und Telefonnummer der nahegelegenen Stadtapotheke. Besonders in einem Kurort wie diesem nehmen sehr viele Leute Tabletten und sonstige Medikamente natürlich mit einem Schluck Wasser ein. Wie oft gehen diese aber während der Kur zu Ende, und der Vorrat muß aufgefrischt werden. Spätestens beim Einnehmen der letzten Pillen mahnt und erinnert das Wasserglas daran, den Weg zur Stadtapotheke einzuschlagen.

Methode:
- Örtliche Werbung in Hotels
- Enge Verbindung zwischen Produkt und Verwendung

Ratschläge und Regeln:
- Haben Sie schon einmal daran gedacht, daß viele potentielle Kunden in der Nähe von Hotels zu finden sind?
- Entwickeln Sie entsprechende Werbemittel, Broschüren, Displaymaterialien und Drucksachen, gemeinsam mit Ihrem Werbeberater.
- Sprechen Sie mit Ihrer Druckerei über neue Wege und Methoden, diese Drucksachen (Aufdrucke, Eindrucke) besonders wirksam und optisch ins Auge fallend zu gestalten.
- Vergessen Sie auch nicht die Hotel-Reception, den Portier, den Geschäftsführer – sie alle könnten bereit sein, Sie bei den Gästen zu empfehlen.

Tip für:	o **Einzelhandel**	o **Außendienstler**
	o **Verkäufer**	o **Messeverkäufer**
	o **Kontakter**	o **Berater**

6   Behalten Sie den Kunden immer „im Blick"

Viele Außendienstmitarbeiter, Einzelhandelsverkäufer/innen machen den Fehler, daß sie sich fast ausschließlich mit ihren Verkaufsmappen, Produkten und Demonstrationen beschäftigen und so kaum oder überhaupt nicht die Signale des Kundenblicks beobachten. Aber: Kundenaugen verraten viel! Gute Verkäufer beobachten deshalb das Gesicht ihres Gegenübers, und bei Anwesenheit mehrerer Personen natürlich auch den Blickwechsel untereinander.

Viele Vertreter stehen neben dem Kunden und halten ihre Verkaufsmappe so, daß beide diese (oder das Produkt) von oben her betrachten – ohne Augenkontakt miteinander zu haben. Der gute Verkäufer hält dagegen die Mappe in Brusthöhe und steht dem Kunden gegenüber, so daß er während der Demonstration auch gleichzeitig den Kunden beobachten kann. Es sind allerdings nicht nur die Blicke, die signalisieren, sondern ebenfalls die Körperhaltung oder die Bewegung einzelner Körperteile: z. B. das zustimmende Kopfnicken, das zweifelnde Kopfneigen, das abwehrende Kopfschütteln, wegwerfende Handbewegungen usw. Aus ihnen allen sind Ablehnung, Zweifel, Überlegen, Bejahung/Verneinung des Kunden schnell erkennbar; das Gespräch kann dadurch oft noch rechtzeitig in geeignetere Bahnen gelenkt werden. Ein Training des Augenkontaktes mit dem Gesprächspartner sowie das Verstehen der Körpersprache sollte deshalb das Ziel eines jeden Verkäufers sein.

Methode:
- Erkennen des Vorteils eines guten Blickkontaktes
- Richtige Handhabung der Verkaufs- oder Demomappe
- Beherrschung bzw. Beachtung der Blicksignale und Körpersprache des Partners

Ratschläge und Regeln:
- Arbeiten Sie optimal mit Blickkontakt?
- Präsentieren Sie Ihre Produkte so, daß Sie in jedem Fall noch einen guten Augenkontakt haben?
- Lernen Sie, Kaufsignale besser wahrzunehmen.

Tip für:	○ Einzelhandels- geschäfte	○ Fachhandel
	○ Leuchtreklame- firmen	○ Handwerksfirmen
		○ Buchhandel

7 Einzelhandelsgeschäfte sollten nach außen „leuchten"

Besuchen Sie einmal einige Kleinstädte in Ihrem Gebiet, und Sie werden bald entdecken, daß – im Gegensatz zur Großstadt – sehr viele Geschäfte ihren Firmennamen oder die Branchenbezeichnung nach außen hin kaum oder sehr schlecht wahrnehmbar an der Außenfront angebracht haben. Viele Tausend Mark gehen ihnen dadurch verloren, weil sie glauben, jeder in der Stadt kenne sie ohnehin. Aber auch in kleineren Städten halten sich Reisende, Gäste und Besucher auf. Und diese kennen die jeweiligen Geschäfte natürlich nicht! Eine geschmackvoll gestaltete Firmenbeschilderung würde da gewiß nicht schaden und sicherlich den einen und anderen Kunden ins Geschäft führen.

Methode:
- Außenwerbung anbringen
- Firmenbeschilderung gestalten

Ratschläge und Regeln:
- Es ist falsche Sparsamkeit, an einem gut beleuchteten Firmenschild zu sparen, besonders wenn man an die dunklen Wintertage denkt, an denen das Tageslicht schon ab 16 Uhr schwindet.
- Man sollte die Außenfront seines Geschäftes zwischendurch einmal kritisch betrachten – und zwar mit den Augen eines Ortsfremden.
- Lassen Sie sich von einem Grafiker beraten.
- Verwenden Sie Neonlicht, und sparen Sie nicht an diesen Stromkosten.
- Schauen Sie sich studienhalber andere Geschäfte an, und holen Sie sich Anregungen in dieser Richtung.

Tip für:	○ Einzelhandels- verkäufer	○ Werbetexter
		○ DOB-Abteilung
	○ Textilverkäufer	

8 ... und hier haben wir den „Preismantel"!

Ein Oberstudienrat aus Fulda erzählte mir folgendes:
Ich ging mit meiner Frau in ein Konfektionsgeschäft, um einen Mantel für sie zu erstehen. Schnell hielt die adrette Verkäuferin meiner Frau zwei Mäntel entgegen: einen sehr eleganten, wertvollen, der wohl eher als Ergänzung zu einer festlichen Abendrobe passend schien und dessen Preis natürlich ebenfalls nicht unbeachtlich war; und einen zweiten, der auch einen gewissen Chick hatte und dessen Preis schon eher für meinen Geldbeutel passend war. Die Verkäuferin nannte diesen zweiten Mantel: „Unser Preismantel" – sie sagte nicht: „Dieser Mantel ist preiswert", oder „... billig" oder etwas ähnliches. Ich war erstaunt über diesen psychologischen Trick und konnte mich eines Schmunzelns nicht erwehren. Diese Formulierung vermittelte mir irgendwie das Gefühl: Hier bahnt sich ein preisgünstiger Kauf an und nicht die Anschaffung eines Billigfabrikats! Und der Kauf wurde perfekt.

Methode:
- Psychologisch durchdachte Formulierung
- Ware aufwerten

Ratschläge und Regeln:
- Formulierungen sind eminent wichtig! Man sollte derlei Wortverbindungen sorgsamst wählen und anwenden.
- Entsprechend formulierte Etiketten oder Schilder verfehlen selten ihre Wirkung.
- Das Wort „billig" sollte möglichst vermieden werden, es wertet ab.
- Suggestionssätze sind wichtig im Verkaufsgespräch, z. B.: „Wie gefällt Ihnen diese attraktive Aufmachung?"

Tip für:	o Einzelhandel	o Messeverkäufer
	o Fachhandel	o Buchhändler
	o Warenhäuser	o Verkäufer

9 Die Drei-Stufen-Demonstrationstechnik

Ein routinierter Einzelhändler erzählte mir einmal, daß er die Erfahrung gemacht habe, mit seiner – wie er sie nannte – Drei-Stufen-Demonstration meist gut anzukommen. Er legt stets drei Artikel vor dem Kunden auf den Ladentisch, mit unterschiedlicher Qualität und demgemäß auch verschiedenen Preisen. Während des Gesprächs schiebt er beispielsweise den linksliegenden Artikel etwas zur Seite mit der Bemerkung: „Dies dürfte vielleicht etwas zu teuer sein ..." Und während der Kunde den Blick über den Tisch schweifen läßt, schiebt er den rechtsliegenden Artikel ebenfalls etwas zur Seite: „... und dies ist sicherlich nicht ganz passend ..." (oder „zu billig" oder „im Muster ein wenig zu auffallend" usw.). Alle drei Artikel aber müssen noch in Reich- bzw. Blickweite bleiben. Dann schiebt er das in der Mitte liegende Produkt etwas nach vorn: „... aber dies wird Ihnen sicherlich zusagen!"
Und in 99 von 100 Fällen sagt es zu!

Methode:
- Drei-Stufen-Demonstrationstechnik

Ratschläge und Regeln:
- Nehmen Sie die Demonstration geschickt vor und damit die Gesprächsführung in Ihre Hand!
- Selten nimmt ein Kunde das Erstbeste – er will wählen können.
- Deshalb sorgen Sie unbedingt dafür, daß genügend Auswahlmöglichkeiten für ihn vorhanden sind.
- Überlegen Sie, ob Sie die Drei-Stufen-Demonstrationstechnik für Ihre Branche verwenden können.

10 „Dafür schneide ich meinen Finger nicht ab!"

Eine Kundin betritt den Metzgerladen und verlangt in leicht schnippischem Ton 50 g Cervelatwurst. Darauf der Metzger (in humorvollem Ton): „Darf es nicht etwas mehr sein – ich schneide mir ungern die Fingerkuppe mit ab!"

Oft stellt man fest, daß nur schlagfertige, humorvolle Bemerkungen eine Verkaufssituation positiv beeinflussen. Nur gilt es in solchen Fällen in besonderem Maße, ein Gespür dafür zu haben, wie weit man gehen kann, um nicht das Gegenteil zu erreichen und den Kunden wirklich zu verärgern. Ein Verkäufer, der über das nötige Maß an Humor und Schlagfertigkeit verfügt, es zur richtigen Zeit an der richtigen Stelle anwendet, kann durchaus erfolgreich sein und spricht manchen Kunden besonders an.

Methode:
- Anwendung von Humor und Schlagfertigkeit
- Die Kunst, Kunden zum Schmunzeln zu bringen
- Gute Formulierung

Ratschläge und Regeln:
- Mit netter Schlagfertigkeit läßt sich besser verkaufen.
- Entwickeln Sie Humor und Schlagfertigkeit, es kann den Umsatz steigern; jeder Mensch lacht gern einmal.
- Achten Sie aber darauf, daß Ihre Worte nicht verletzend oder überheblich wirken.
- Ein netter Witz an der richtigen Stelle kann dem Kunden ein kleines Verkaufserlebnis bedeuten, an das er sich gern erinnert und das ihn zum Wiederkommen animiert.

| Tip für: | o Einzelhandels-
geschäfte
o Friseure | o Verkaufsförderer
o Buchhändler |

11 Verkaufen Sie Verkaufsförderungsideen

Als ich einmal vor vielen Jahren zu meinem Friseur kam, fand ich ihn in ziemlich gedrückter Stimmung vor. Er machte ein „langes" Gesicht und arbeitete recht lustlos. Ich wollte ihn ein wenig „aufmöbeln" und meinte so ganz beiläufig: „Wie gehen die Geschäfte?" Er brummte etwas Unverständliches in seinen Bart. Darauf ich, den Grund seiner Mißstimmung sehr wohl ahnend: „Sie sollten sich etwas einfallen lassen, daß Ihre Kunden das Empfinden haben, bei Herrn Böhn ist es anders als beim Friseur XY." Und spontan schlug ich vor, vielleicht kleine Kärtchen drucken zu lassen, die man dem Kunden beim Abschied überreicht, etwa mit dem Aufdruck: „Vielen Dank für Ihren Besuch! Wir wünschen Ihnen noch einen schönen Tag!" Oder eine Idee für die Damenabteilung des Salons, in der es am Donnerstag immer besonders ruhig zuging: Jede Dame bekommt am Donnerstag eine Rose oder eine Tasse Kaffee oder Tee (selbstverständlich kostenlos!).

Des Figaros Miene erhellte sich langsam. Er realisierte beide Vorschläge – und der Salon hatte einen erheblichen Kundenzuwachs zu verzeichnen. Ich selbst bekam bei meinen künftigen Besuchen nicht nur die Haare geschnitten, sondern stets ein Gläschen Sekt serviert.

Methode:
- Zusätzlich zu einer Dienstleistung ein kleines Präsent
- Überraschungs-Methode
- Sich von anderen differenzieren

Ratschläge und Regeln:
- Ein kleines Geschenk „erhält nicht nur die Freundschaft", sondern es ist stets die beste Reklame.
- Selbst ein an sich gut florierendes Geschäft braucht ab und zu einen neuen Dienstleistungs-Gag, um alte Kunden zu behalten und neue zu gewinnen.

12 „Na und, ... dafür kann ich doch nichts!"

Auf Grund meines Berufes esse ich oft auswärts, im Speisewagen eines TEE-Zuges, im Restaurant oder im Hotel. Dabei war ich schon häufig Zeuge bzw. Zuhörer recht unerfreulicher Dialoge, etwa so:

Gast:　„Herr Ober, nun warte ich schon über eine halbe Stunde auf mein Essen!"

Ober:　„Na und, ... da kann doch ich nichts dafür!" – Oder:

Gast:　„Herr Ober, bitte noch die Milch zu meinem Kaffee ..."

Ober:　„Warum Milch? Trinken Sie ihn doch schwarz, da sparen Sie Kalorien. Übrigens – dort, am Nebentisch, steht Milch ..."

Oder: Ein Ober irrt mit einem Teller Salat durch den Raum und ruft: „Wer hat denn das Zeug bestellt?"

Oder auf den Vorwurf des Gastes, das bestellte Eis habe zu lange auf der Theke gestanden, es sei schon halb geschmolzen: „Dann hätten Sie es sich doch selbst geholt! Ich habe auch nur zwei Beine, und Sie sehen doch, daß ich dauernd am Rennen bin!"

Methode:
- Ein typisches Negativ-Beispiel!
- Falsche Formulierung!
- Ungezogenes Benehmen!

Ratschläge und Regeln:
- Auch wenn der Beruf noch so anstrengend ist: Höflichkeit dem Gast (Kunden) gegenüber muß oberstes Gebot bleiben.
- Engpässe in der Küche, am Ausschank oder beim Bedienungspersonal werden für den Gast erträglicher, wenn man sie eingesteht, um Entschuldigung bittet und durch doppelte Aufmerksamkeit dem Gast gegenüber versucht, die Wartesituation angenehmer erscheinen zu lassen.
- Versuchen Sie's auch hier mit einer Prise Humor!
- Und immer wieder: Der Gast/Kunde bleibt nun einmal der König!

Tip für: o **Einzelhandel**   o **Berater**
          o **Außendienstler**   o **Buchhändler**
          o **Verkäufer**

13 Mut zur Pause

Wie oft hören Einzelhandelsverkäufer in den Fachgeschäften als Antwort auf die Frage an den Kunden: „Mit was kann ich Ihnen dienen?" die Antwort: „Danke, ich wollte nur mal ein wenig herumschauen!" Diese Kundenreaktion ist ganz natürlich, denn keiner möchte sich zu schnell festlegen. Er möchte sich das Angebot in Ruhe ansehen. Aus diesem Grunde sind auch die SB-Geschäfte so rasant gewachsen.

In einem Giessener Bekleidungsgeschäft mit über 40 Verkäufern wurden diese angewiesen, eine neue Taktik auszuprobieren: Den Mut zur Pause aufzubringen! Der Verkäufer eilt dem Kunden entgegen und wünscht ihm freundlich lächelnd „Guten Tag", bleibt aber dann in abwartender Haltung in gewissem Abstand stehen, ohne ein weiteres Wort zu sagen. Dabei bleibt aber seine Miene höflich-verbindlich, stets Hilfsbereitschaft signalisierend. Der Kunde blickt sich um, wählt, vergleicht, und nach einer Weile beginnt er meist selbst zu sprechen, indem er sich mit irgendeiner Frage an den Verkäufer wendet.

Methode:
- Mut zur Pause aufbringen
- Den Kunden sprechen lassen
- Vermeidung von zuviel Aufdringlichkeit

Ratschläge und Regeln:
- Auch hier gilt das Sprichwort: Reden ist Silber, Schweigen ist Gold. Jedoch: Je stiller die Lippen bleiben, desto beredter sollten die Augen sein.
- Lassen Sie dem Kunden Zeit, sich in Ruhe umzusehen, bevor er konkret seine Wünsche äußert.
- Ihre Körperhaltung bedarf jedoch hier einer besonderen Kontrolle. Sie muß Hilfsbereitschaft und Dienstbeflissenheit ausdrücken, damit nicht der Eindruck von Desinteresse entsteht.
- Eine Gesprächspause zur rechten Zeit läßt den Verkauf besser „fließen".

Tip für:	o **Delikatessen-** **geschäfte**	o **Vertreter**
	o **Einzelhandel**	o **Kaufhäuser**
	o **Texter**	**(Lebensmittel-** **abteilung)**

14 „Sie haben ja beinahe ganz Europa auf der Palette!"

In Heidelberg gab es ein Geschäft mit dem Namen „Käse-Ecke". Die Inhaber dieses an sich kleinen Geschäftes hatten es verstanden, sich durch Spezialisierung einen Namen zu machen. Ein reichhaltiges Angebot aus allen Teilen Europas, individuelle Bedienung und Beratung und letztlich ein guter, zuverlässiger Party-Service mit attraktiv aufgemachten Käseplatten begründeten den festen Kundenstamm. Kommen zu derlei objektiven Plus-Faktoren noch so gekonnte Verkaufsformulierungen wie: „Gnädige Frau, Sie haben nun fast ganz Europa auf Ihrer Party-Palette, es fehlt nur noch ein Käse aus Spanien. Wieviel Gramm darf ich Ihnen von diesem reifen Schafskäse abwiegen?" wird kaum eine Kundin widerstehen!

Methode:
- Ideenverkauf
- Fragetechnik
- Individueller Service

Ratschläge und Regeln:
- Im Zeitalter der Supermärkte und großen SB-Ketten ist es unumgänglich, daß sich kleinere Geschäfte durch Spezialisierung und besondere fachmännische Beratung auszeichnen.
- Versuchen Sie, sich durch besonders intensive Kundenbetreuung von der Masse abzuheben nach dem Motto: Klein – aber fein!
- Das hat außerdem den Vorteil, den unmittelbaren Wettbewerb zu umgehen, indem Sie aus dem direkten Preisvergleich aussteigen.
- Denken Sie immer daran: Gute Verkaufsformulierungen sind Brücken zur Umsatzsteigerung!

Tip für:	o Einzelhandel	o Zeitungsgeschäfte
	o Souvenirläden	o Buchhandel
	o Kioske	

15 Ansichtskarten bringen Kunden ins Geschäft

Vorbeigehende Kunden kaufen nichts! Besonders zu beobachten ist dies in Bade- und Kurorten: Die Feriengäste haben viel Zeit zum Spazierengehen, sie flanieren mit Freunden, Bekannten oder auch allein die Promenaden und Straßen entlang, vorbei an all den Geschäften, deren es in Urlaubsorten stets eine große Anzahl gibt. Wo bleiben sie stehen? Wo bilden sich manchmal geradezu Trauben von Passanten? An welchen Kassen der Geschäfte drängen sich die Kunden, um ihr Geld loszuwerden? Nun, nur allzuoft an jenen Läden, die einen „Kundenstopper" auf dem Gehweg, vor dem Geschäft aufgestellt haben. Das beste Beispiel: Die Ständer mit den schönen bunten, kunstvollen (und manchmal auch kitschigen) Postkarten. Plötzlich fällt einem ein, wem man noch einen Gruß schicken oder ein kleines Geschenk mitbringen wollte. Man sucht also aus, und dabei fällt der Blick vielleicht auf einen danebenstehenden Wühlkorb mit bequemen Badeschuhen oder auf eine Schütte mit lustigen Schals, Sonnenbrillen oder ähnlichem. Und drinnen dann, beim Warten an der Kasse, sieht man noch eine Illustrierte, ein Feuerzeug, ein lustiges Spielzeug – und nimmt das alles auch noch mit! Und so klingelt die Kasse ununterbrochen, Minute für Minute, Tag für Tag!

Methode:
- Kundenstopper einsetzen
- Wühlkörbe und Schütten aufstellen
- Kundenmagneten schaffen

Ratschläge und Regeln:
- Sorgen Sie für einen „Kundenstopper" vor Ihrer Tür!
- Haben Sie keine Angst vor Diebstahl. Erfahrungsgemäß ist die Diebstahlquote hier relativ gering und wird von dem erhöhten Verdienst x-fach aufgewogen.
- Zweckdienliche übersichtliche Drahtgestelle sind ein guter Blick- und damit Kundenfang.
- Eine Basar-Atmosphäre verlockt zum Zugreifen.

Tip für:	○ alle Einzelhandels- geschäfte	○ Tiernahrungsgeschäfte ○ Buchhandlungen

16 Hier kann sich jeder Hund laben!

In einem Artikel der Lebensmittelzeitung las ich kürzlich folgenden kurzen Bericht:

Ein Lebensmittelhändler in Paris – offensichtlich auf der Suche nach einer originellen, umsatzsteigernden Service-Idee – hatte den Einfall, seine Kunden auf dem Umweg über ihre geliebten Vierbeiner zu gewinnen. Er stellte Gefäße mit leckerem Hundefutter und Näpfe mit frischem Wasser vor seinen Laden und brachte ein Schild mit folgender Aufschrift an: „Hier kann jeder Hund so viel Wasser trinken und Futter fressen, wie er mag – kostenlos!"
Die Hundebesitzer reagierten erfreut darauf und kauften fortan bei diesem Händler statt – wie bisher – im nahegelegenen Supermarkt.

Methode:
- Originelle Ideen
- Kostenlose Dienstleistungen
- Neue Wege gehen

Ratschläge und Regeln:
- Ein Umweg führt manchmal schneller zum Ziel.
- Je ausgefallener die Idee, desto größer die Reaktion.
- Nicht nachlassen im Bemühen, die Sympathien seiner Kunden zu erringen!
- Nicht einschüchtern lassen und resignieren, wenn einmal eine Idee nicht so gut „ankommt". Bei der nächsten klappt es wieder!

17 Ein Kaufsignal

Ein Einzelhandelsverkäufer der Möbelabteilung eines Kaufhauses brachte während eines Seminars anläßlich einer Diskussion über zu beachtende Kaufsignale folgendes Beispiel:

„Ich zeigte einem Ehepaar mehrere Schränke. Einer stand ein wenig ungünstig, seine Intarsien kamen nicht recht zur Geltung. Um ihn – im wahrsten Sinn des Wortes – in ein besseres Licht zu rükken, sagte ich: ‚Warten Sie, ich drehe ihn ein wenig näher zum Fenster, Sie können dann seine Verarbeitung besser beurteilen.‘ Der Schrank war nicht sehr schwer und meine Bewegung wohl etwas zu hastig: der Schrank schwankte leicht beim Verschieben auf die eine Seite. Hurtig sprang der Kunde hinzu, als wolle er ihn festhalten und rief: ‚Vorsicht, doch! Daß Sie keine Schramme machen!‘ – Ein eindeutiges Kaufsignal: Der Kunde betrachtete den Schrank schon fast als ‚seinen‘ Schrank. Der Besitzwunsch war damit eindeutig signalisiert.“

Methode:
- Signale der Kaufbereitschaft beachten
- Zur richtigen Zeit abschließen

Ratschläge und Regeln:
- Hören Sie nicht nur auf das gesprochene Wort. Auch Handlungen oder Gesten können eindeutige Signale für die Kaufbereitschaft des Kunden sein.
- Wenn Sie ein solches Signal auffangen, nutzen Sie es sofort, um die Abschlußphase einzuleiten.
- Wenn Ihre Kundschaft aus zwei oder mehreren Personen besteht, achten Sie auch auf den Blickwechsel der Kunden untereinander; hieraus ist manches zu entnehmen.
- Und selbstverständlich erst recht auf den Wortwechsel der Kunden. Hier kann das neue Stichwort für die Fortführung Ihres Verkaufsgesprächs fallen.

Tip für:	o Einzelhändler	o Messeverkauf
	o Kaufhäuser	o Demonstrations-
	o Obsthändler	verkauf

18 Wer verkauft die schönsten Äpfel?

In Pretoria lebte eine Frau, die weit und breit die schönsten, leuchtendsten Äpfel verkaufte. Viele Kunden scheuten den relativ weiten Weg nicht, um ihren Obstbedarf ausschließlich bei ihr zu decken. Auch ich kaufte natürlich bei ihr ein. Offenbar benutzte sie jede freie Minute oder auch verkaufsschwache Zeiten dazu, um ihre Früchte „auf Hochglanz" zu bringen. So kaufte ich also über eine lange Zeit hinweg mein Obst bei dieser Frau . . . bis ich sie eines Tages durch Zufall dabei beobachtete, wie sie diesen Hochglanz zustandebrachte. Nämlich nach alter Schuhputzermanier: Bevor sie den Apfel mit einem Tuch zu polieren begann . . . spuckte sie darauf!
Ich bezog mein Obst natürlich anschließend von einem anderen Stand.

Methode:
- Durch eine gute Optik zum Kauf „verführen"

Ratschläge und Regeln:
- Putzen auch Sie Ihre Ware so, daß sie beim Anbieten einen vorteilhaften Eindruck macht (Es darf natürlich nicht mit Speichel sein!).
- Der optische Eindruck ist das erste, was der Kunde wahrnimmt.
- Benutzen Sie freie Zeit, um auch Ihre Hilfsmittel, Aktentasche, Musterkoffer usw. auf Hochglanz zu bringen.
- Sauberkeit hat noch nie den Erfolg verhindert.

Tip für: o **Elektrohandel**   o **Warenhäuser**
             o **Einzelhändler**   o **Fachgeschäfte**

19   Einzelhändler sollten kundenorientiert denken

Vor sehr vielen Jahren wollte ich ein Tonbandgerät kaufen. Das nötige Kleingeld hatte ich zusammengespart und ging eines morgens voll freudiger Erwartung zusammen mit meiner Frau los. Wir betraten – nein, wir wollten gerade das Radiogeschäft betreten, als sich uns die stämmige Besitzerin in den Weg stellte und uns zurief: „Kommen Sie am Nachmittag wieder, wir entladen gerade neue Ware!" Es war eine kalte Dusche für uns. Sprachlos schauten wir uns an, drehten uns auf dem Absatz um und verließen den Laden. Den Kauf tätigten wir eine halbe Stunde später – natürlich in einem anderen Geschäft. In den erstgenannten Laden gingen wir nie wieder!

Ob jene Dame die Folgen ihres Tuns wohl bedacht hatte? Ich glaube es kaum!

Methode:
- Jeder Kunde sollte wichtig genommen werden
- Kunden sind schnell verloren

Ratschläge und Regeln:
- Auch wenn der Einzelhändler noch so beschäftigt ist, sollte er dennoch stets kundenorientiert denken und handeln.
- Aus einer anfänglichen „Laufkundschaft" kann bei guter Bedienung bald eine Dauerkundschaft werden.
- Ein verlorener Kunde bleibt selten der einzige. Unterschätzen Sie nicht die Mundpropaganda. Sie kann großen Schaden anrichten.
- Eine solche Verhaltensweise treibt den Kunden zwangsläufig zur Konkurrenz.

Tip für:	○ Reformhäuser	○ Propagandisten
	○ Drogerien	○ alle Branchen
	○ Fachgeschäfte	des Einzelhandels

20 „Meine Oma interessiert sich für Kräutertee"

In vielen Branchen wollen Kunden ihre wahren Einkaufsabsichten nicht verraten und bedienen sich deshalb mancherlei Vorwände. Wie mir von einem Reformhausbesitzer erzählt wurde, praktizieren in dieser Branche speziell viele Kunden die Methode, zu behaupten, sie wollen lediglich für Bekannte (Verwandte, Freunde) eine Information einholen, oder sich über die Wirkungsweise des einen oder anderen Produkts unterrichten lassen, so etwa nach dem Motto: „Meine Oma interessiert sich für Kräutertee ..." Nach einer ausführlichen und intensiven Aufklärung und Beratung sagen sie dann: „Vielen Dank, ich werde Ihre Empfehlungen weitergeben. Wir kommen eventuell darauf zurück."
Nun: Beratung muß sein, Auf- und Erklärung muß sein. Aber: Die Relation des Aufwandes von zum Verkauf hinführenden zu verkaufsaktiven Handlungen muß auch stimmen!

Methode:
- Unterscheidungsfähigkeit zwischen „echten" und „unechten" Kunden

Ratschläge und Regeln:
- Versuchen Sie zu lernen, die wirklich echten Informationssuchenden von den notorischen „Sich-nur-mal-erklären-lassen-Wollenden-und-dann-nichts-Kaufenden" zu unterscheiden.
- Geben Sie sich mit den vorgebrachten Einwänden nicht zu schnell zufrieden, versuchen Sie, wenigstens eine Probepackung „an den Mann" zu bringen.
- Erfragen Sie die Anschrift des angeblich Auskunftheischenden, damit Sie ihm Prospektmaterial oder Proben zusenden können.
- Verschwenden Sie nicht noch allzuviel Zeit, wenn Sie bemerken, daß Ihre Verkaufsbemühungen doch ohne Echo bleiben. Potentere Kunden könnten inzwischen auf Sie warten!

21   Zusatzprodukte anbieten – aber wie?

Anläßlich eines Verkäuferseminars für die Wirtschaftsakademie in Kiel wurde unter anderem auch das Thema „Verkaufsformulierungen in der Abschlußphase" diskutiert. In diesem Zusammenhang berichtete ein Verkaufsleiter über sein Problem:

Die Verkäuferinnen seines Hauses – eine größere Schuhgeschäftskette – wurden angehalten, Mehrumsätze durch den Verkauf der Zusatzartikel, insbesondere von Schuhcremes, zu erzielen. Sie gaben sich auch redlich Mühe. Es wurden Formulierungen wie z. B.: „Möchten Sie noch gleich eine Creme mitnehmen?" oder: „Soll ich Ihnen gleich die passende Pflegepaste dazulegen?" angewandt, führten aber zu keinem rechten Erfolg; die meisten Kunden antworteten mit einem kategorischen: „Nein, danke!"

Auf mein Anraten hin versuchte man es dann mit etwa folgender Redewendung: „Sicherlich haben Sie zu Hause schon Schuhcreme, aber wenn Sie diesen Markenschuh optimal pflegen wollen, dann sollten Sie nur diese neue Spezial-Politur (dieses Pflegemittel) verwenden. Übrigens kostet sie nur DM ..."

Ich erfuhr später, daß eine deutliche Absatzsteigerung an Schuhpflegemitteln zu verzeichnen war.

Methode:
- Richtige Verkaufsformulierung
- Angebot von Zusatzprodukten

Ratschläge und Regeln:
- Produkte verkaufen ist gut, Zusatzprodukte dazu verkaufen ist noch besser.
- Entwickeln Sie, zusammen mit Ihren Mitarbeitern, immer wieder bessere Verkaufsformulierungen, besonders für die Abschlußphase.
- Weisen Sie – besonders bei Zusatzprodukten – auf die Spezialität derselben hin.
- Ebenso auf: Pflegewirkung, längere Haltbarkeit usw.

22   … und ein Paar Schuhe gibt es gratis!

Ein Kaufmann der Schuhbranche im Ausland öffnete seinen Laden auch sonntags und machte damit gute Geschäfte. Da der sonntägliche Verkauf jedoch gesetzwidrig war, mußte er schon bald seinen Laden am Sonntag geschlossen halten.

Nach einiger Zeit eröffnete er einen Obstladen und verkaufte – natürlich wiederum auch am Sonntag – 1 kg Äpfel zu einem Preis von umgerechnet DM 60,–. Der Clou: Als Zugabe erhielten die Kunden ein Paar Schuhe. (Da Äpfel zu den verderblichen Waren gehören, durften sie – einem anderen Gesetz zufolge – auch sonntags zum Verkauf gebracht werden.)

Methode:
- Kombinierte Angebote
- Huckepack-Waren

Ratschläge und Regeln:
- Wer wagt, gewinnt.
- Wer clever genug ist, kann, zumindest vorübergehend, sogar bestehende Gesetze „schachmatt" setzen.
- Abgesehen von Gesetz und Gesetzwidrigkeit bieten kombinierte Angebote oft bessere Gesamtabsatzchancen.
- Ein Quäntchen Pfiffigkeit, eine Prise Risikofreudigkeit und eine Portion Mut, das alles gut gemischt, schmeckt vielleicht sogar dem gesetzestreuen Obrigkeitsfanatiker.

Tip für: o **Fachhandels-**   o **Kaufhäuser**
                      geschäfte   o **Geschenkartikel-**
                o **Spielwarenbranche**   **geschäfte**
                o **Schaufenstergestalter**

23   Schaufensterdekoration – aktuell

Während eines Winterurlaubs in Baisersbronn blieb ich immer gern vor den Schaufenstern des Geschenkhauses Hahn stehen. Mit Interesse beobachtete ich dabei folgendes:
Bereits am Morgen des 27. Dezembers, also nachdem gerade der zweite Weihnachtsfeiertag vorüber war, zeigten sich die Schaufenster in einem völlig anderen Gewand. Alle weihnachtlichen Spielwaren und Geschenkartikel waren mitsamt den dazugehörenden Dekorationen ausgetauscht worden gegen die auf das bevorstehende Silvester- und Neujahrsfest hindeutenden Dinge wie Luftschlangen, Konfetti, Masken, Feuerwerksraketen, Party-Geschirr usw. Der Geschäftsinhaber und seine Helfer mußten die Nachtstunden dafür benutzt haben, um die Schaufenster aktuell umzugestalten und die Kunden gleich morgens um 8 Uhr neu zu motivieren und in das Geschäft zu holen. Selbst die Postkarten, vorher natürlich überwiegend auf die Weihnachtsfeiertage abgestimmt, galten jetzt den Neujahrsgrüßen.

Methode:
- Aktuelle Angebote
- Aktuelle Schaufensterdekoration

Ratschläge und Regeln:
- Ein gut geführtes Einzelhandelsgeschäft bemüht sich stets darum, mit seiner Schaufensterdekoration aktuell zu sein.
- Schaufenster müssen wie Magneten für die Schau- und Kauflustigen sein.
- Auch hier gilt: Abwechslung, Gags, lustige Einfälle, frische Blumen, geschmackvolles Arrangement ziehen die Kunden an – und dadurch ins Geschäft hinein.
- Seien Sie auch bei der Schaufenstergestaltung der Konkurrenz möglichst einen Schritt voraus!

Tip für:	○ **Tankstellen**	○ **Verkaufsförderer**
	○ **Einzelhändler**	○ **Spielwarengeschäfte**

24 Kinder können die Nachfrage nach Ihrem Produkt erhöhen

Werbestrategen erkennen mehr und mehr die Notwendigkeit, „Einkaufsbeeinflusser" anzusprechen. Bei vielen Einkaufsentscheidungen wird ein Druck von anderen, nicht immer unbedingt direkt an dem Kauf beteiligten Personen ausgeübt.

Vor einiger Zeit haben die Esso-Tankstellen z. B. eine effektvolle Kampagne in dieser Richtung durchgeführt. Der Sammeltrieb der Kinder (und auch mancher Väter) wurde angesprochen. Esso annoncierte überall: „Sammeln Sie Briefmarken mit – erhältlich bei Ihrer Esso-Tankstelle." Alle, die mehr als 20 Liter tankten, erhielten einen Umschlag mit Briefmarken.

So mancher Vater wurde damals „gezwungen", von BP, Aral oder Shell auf Esso „umzusteigen". Inzwischen haben sich viele Firmen in verschiedenen Branchen diese Methode zu eigen gemacht.

Methode:
- Erkenntnis der Wichtigkeit von „Einkaufsbeeinflussern"
- Ideenverkauf
- Ansprechen des Sammlertriebs

Ratschläge und Regeln:
- Suchen Sie die entsprechenden Einkaufsbeeinflusser in allen Richtungen – auch im Kreis der Familienangehörigen.
- Trachten Sie danach, sich die Hobbys und Freizeitinteressen Ihrer Kunden zunutze zu machen und in Ihre Verkaufsförderung zu integrieren.
- Die Sammelleidenschaft mit der Feststellung, es fehlt immer noch etwas, um die Sammlung komplett zu machen, ist eine der besten Magneten im Bereich der Kundenanziehung.
- Die Sammelelemente sollten nach einer gewissen Zeit gewechselt werden: Ein neuer Reiz – ein neuer Kaufimpuls.

25 ARAL-Benzinschläuche verkaufen mehr Öl

Die Werbung am Ort des Verkaufs gewinnt immer mehr an Bedeutung. Die Zusatzgeschäfte und -gewinne liegen meistens im Sortimentsverkauf. Durch die Hektik des Tages wird oft vergessen, dem Kunden auch anderweitige Produkte in Erinnerung zu bringen. Besonders gut fand ich vor einiger Zeit die Idee von ARAL: Bei den SB-Tankstellen war die Flachstelle vorn am Benzinschlauch mit dem Hinweis versehen: „Öl???". Während des Tankvorganges ist man unmittelbar mit seinem Auto konfrontiert und kann diesen Hinweis gar nicht übersehen. Während mittels einer Klemmvorrichtung am Benzinschlauch der Vorgang des Tankens automatisch abläuft, kann der Kunde inzwischen schnell nach dem Ölstand sehen – und nötigenfalls Öl kaufen – ohne jeden weiteren Zeitaufwand!

Methode:
- Zusatzverkauf nicht vergessen
- Erinnerung nachhelfen

Ratschläge und Regeln:
- Nicht vergessen: Den Zusatzverkauf forcieren!
- Durch geschickt angebrachte Klebeetiketten Nebenprodukte in Erinnerung bringen.
- Auch andere optische Hilfsmittel wie Plakate, Schilder, Aufsteller usw. gezielt einsetzen.
- Zeigen Sie dem Kunden den Bedarf auch für die Zusatzartikel auf; vielleicht denkt er nur nicht rechtzeitig daran, und so helfen Sie ihm sogar – und sich selbst.

26   Don't ask „if" but „which"

Elmer Wheeler, ein amerikanischer Verkaufstrainer, sagt: „Don't ask „if" but „which" – auf deutsch: Frage nicht „ob", sondern „welches". Erweitert ausgedrückt bedeutet das: Nicht fragen, „ob" der Kunde überhaupt kaufen will, sondern z. B. „welches" der angebotenen Produkte er erwerben will.

So können Sie viel schneller zum Abschluß kommen. Nämlich mit der „So-tun-als-ob-Methode", beispielsweise mit der Frage: „Wenn Sie nun kaufen würden, möchten Sie dann den helleren oder den dunkleren Farbton?" Meistens entscheidet sich der Kunde dann für den einen (oder anderen) Farbton und hat sich damit schon quasi halb entschieden. Auf dieses Teilzugeständnis hin fällt es dann selbstverständlich einem routinierten Verkäufer leichter, das Verkaufsgespräch fortzuführen, als z. B. nach der direkten Frage: „Nehmen Sie das nun?" und der daraufhin erfolgten kategorischen Verneinung, also Ablehnung.

Methode:
- Richtige Formulierungskunst
- „So-tun-als-ob"
- Nicht fragen „ob", sondern „welches". . . (Produkt)

Ratschläge und Regeln:
- Vermeiden Sie beim Verkaufsgespräch möglichst die Fragestellung, die ein „Nein" zur Folge haben kann.
- Versuchen Sie, den Kunden zu einem „Teilzugeständnis" zu bewegen, das gibt dem Verkaufsgespräch einen neuen Impuls.

27   Statt Gespräch Körpersprache

Sehr viele, die sich mit Verkaufen und Kommunikation beschäftigen, haben die Macht der Pause während eines Gesprächs noch nicht genügend erkannt. Ein Trainer-Kollege sagte mir einmal: „Wer das Gespräch beginnt, hat verloren." Dieser Satz hat mich lange beschäftigt, bis ich so weit war, diese Methode anzuwenden. Zum Beispiel (im Einzelhandel):
Verkäufer: „Guten Tag, was darf es sein?"
Kunde: „Ich wollte gern einmal herumschauen ..."
Verkäufer: „Ja, bitte schön!"
Oder der Verkäufer geht auf den Kunden zu, schaut ihn freundlich an und sagt: „Guten Tag!"
Kunde erwidert: „Guten Tag!"
Verkäufer sagt gar nichts (Mut zur Pause), schaut den Kunden allerdings freundlich und hilfsbereit an.
Der Kunde nennt dann häufig, in die Pause hinein, praktisch weil er sich geradezu verpflichtet fühlt, die Pause zu beenden, konkret seine Wünsche. (Ich suche ein Hemd, ...)
Verkäufer: „Darf ich bitten, hier rechts entlang ..."
(Sie gehen gemeinsam auf die Ware zu.) Durch die Pause seitens des Verkäufers wurde der Kunde ermuntert, sich zu äußern.
Die direkte Frage eines Verkäufers: „Was darf es sein?" verursacht oft die Kundenaussage: „Ach, ich wollte mich erst einmal nur umschauen ..." Der Verkäufer kann dann nur sagen: „Ja, bitte schön ..." So erfährt er aber das wahre Kundenanliegen nicht.

Methode:
- Pausentechnik
- Kunden reden lassen und zuhören

Ratschläge und Regeln:
- Beobachten Sie den Kunden (Verkäuferverhalten passiv).
- Zerreden Sie niemals das Gespräch.
- Wer gut zuhört, ermuntert den anderen zum Reden und erfährt so oft schneller mehr.

28 Verwenden Sie im Verkauf Erinnerungssymbolik

Vor einigen Jahren führte ich für die Verkäufer der Firma Brückner und Mund, ein renommiertes Bekleidungsunternehmen, Seminare durch. Wir erkannten sehr bald, daß Verkäufer leicht dazu neigen, Zusatzverkäufe zu vergessen. Dies geschieht nicht absichtlich, es wird einfach nicht immer daran gedacht. Der Kauf eines Artikels kann aber durchaus den Kauf eines weiteren nach sich ziehen. Hier einige Beispiele: Hose – Gürtel, Hemd – Schlips – Manschettenknöpfe, Bluse – Schal, Lampen – Glühbirnen, Teppich – Reinigungsmittel, Möbel – Bilder – Vasen, Schreibpapier – Bleistifte, Kugelschreiber – Minen usw. Zusatzverkäufe bedeuten Zusatzumsätze!

Eine alte Weisheit sagt, was nicht angeboten wird, wird auch nicht verkauft. Nun, nicht nur Verkäufer vergessen die Zusatzartikel, auch der Kunde selbst denkt nicht daran. Deshalb muß der Kunde auf einen eventuellen Bedarf aufmerksam gemacht werden. Das wirkt – ist es geschickt gemacht – auch nicht etwa aufdringlich, eher sogar aufmerksam. Die Hauptsache ist, daß daran gedacht wird! Wir führten bei Brückner & Mund ein „Erinnerungshilfsmittel" ein. Andere, zur Zeit nicht gerade mit Kunden beschäftigte Verkäuferkollegen, hoben unauffällig den Daumen; es hieß: Denk an den Zusatzverkauf! Auch im Pausenraum wurden Schilder mit dem Hinweis: „Denk an den Zusatzverkauf" angebracht.

Methode:
- Zusatzverkauf
- Erinnerungssymbolik für den Zusatzverkauf

Ratschläge und Regeln:
- Millionenumsätze gehen in vielen Branchen verloren, nur weil die Verkäufer vergessen, Zusatzartikel mit anzubieten.
- Lassen Sie Ihre Verkäufer einmal eine Liste über Ihre Produkte und deren Zusatzprodukte erstellen.
- Veranstalten Sie firmeninterne Wettbewerbe für Innen- und Außendienstverkäufer: „Wer verkauft die meisten Zusatzartikel in den kommenden 4 Wochen?"
- Entwickeln Sie Erinnerungssymbole für Ihre Verkäufer.

29   Wie wär's mit der Sparflasche?

Vor vielen Jahren führte die Firma Coca-Cola die heute längst
bekannte Familienflasche ein. Im Einzelhandelsverkauf sagten
die noch unerfahrenen Verkäufer: „Wollen Sie die große Flasche?" Darauf war natürlich bei dem Kunden der nächste Gedan-
ke: Große Flasche – höherer Preis! Der Absatz dieser Flaschen-
größe war zunächst etwas schleppend, bis man die Formulierung
entwickelte: „Wollen Sie nicht lieber die Sparflasche?"
Der Umsatz stieg merklich. Wir sehen also, die Wirkung eines
einzigen Satzes oder Wortes ist mitunter ausschlaggebend für
den Absatz, denn mit dem Begriff „groß" assoziiert der Kunde
„teuer", mit dem Begriff „Spar-" jedoch „preiswert".
Unbedachte und unanalysierte Formulierungen können unter
Umständen viel Geld kosten und Umsatzverlust bedeuten.

Methode:
- Richtige Formulierungskunst
- Argumentationsanalyse
- Optimale Verkaufsformulierung

Ratschläge und Regeln:
- Führen Sie sofort eine Analyse der Verkaufsformulierungen durch, die von Ihren Verkäufern in der Praxis allgemein verwendet werden.
- Sie werden erstaunt sein, wie viele „Reserven" Sie finden
  werden, um optimaler anzubieten.
- Entwickeln Sie ein praxisorientiertes Trainingsprogramm.
- Die Ebeling-Seminare in Gau-Algesheim analysieren be-
  triebsinterne Formulierungen auf deren Effektivität im
  Verkaufsgespräch und entwickeln für Sie verkaufserprob-
  te Praxisformulierungen.

30   Ziehen Sie doch einmal kurz das Jacket an!

Geschulte Verkäufer meiden das Zerreden und versuchen, den Kunden so schnell wie möglich zum „Erlebnis" zu bringen. „Ziehen Sie doch einmal kurz das Jacket an!" Sie erfahren damit gleich, welche Größe genau in Betracht kommt, und der Kunde wiederum findet bereits das erste Gefallen am „An- und Ausprobieren". Der Schritt zu der Frage des Kunden, beispielsweise: „Na ja, ganz schön, wissen Sie, aber ich glaube, die Farbe steht mir nicht so recht, hätten Sie das Jacket nicht in einem etwas helleren Ton?" ist dann nicht sehr groß!

Außerdem umgehen Sie die Gefahr, daß der Kunde sich in eine Jacke „verliebt", die zwar in Stil und Farbe, aber nicht in der entsprechenden Größe vorhanden ist. Ist dies geschehen, dann ist es oft schwer, den Kunden von seinen Vorstellungen wieder abzubringen bzw. ihn für ein anderes Modell zu interessieren und zu gewinnen.

Methode:
- Garderobenstücke anprobieren lassen
- Kunden zur Ware bringen
- Ausprobieren lassen

Ratschläge und Regeln:
- Durch zügiges Arbeiten setzen Sie mehr um.
- Gute Verkäufer ermitteln frühzeitig wichtige Vorinformationen, die Voraussetzung für den baldigen Verkauf.
- Lenken Sie den Kunden freundlich zu der entsprechenden Ware hin, von der Sie glauben (auf Grund eben dieser Vorinformation), daß sie seinen Gefallen finden könnte.

31 Das Leben ist viel zu kurz für einen billigen Wein

Vor einiger Zeit unterhielt ich mich mit einem erfahrenen Ober, der bereits viele Jahre in der Stadthalle Hannover arbeitete. Ich erzählte ihm, daß ich von Beruf Verkaufstrainer bin und mich sehr für Verkaufsformulierungen interessiere. „Wie beeinflussen Sie Ihre Gäste?" fragte ich.

Er sagte: „Nun, wenn es zum Beispiel um eine Weinbestellung geht, sage ich: ‚Das Leben ist viel zu kurz für einen billigen Wein!' Die Gäste schmunzeln, und ich kann einen guten Wein kredenzen. Die Gäste sind zufrieden, und meine Kasse stimmt." Und weiter: „Unser Brauereilieferant für Veltins Bier ist sehr erstaunt darüber, daß wir hier in einer ‚Bierstadt' so viel Umsatz mit seiner Biersorte machen. Er kennt eben meinen Trick nicht! Ich nenne nicht eine Biersorte, sondern frage einfach: ‚Soll ich Ihnen eine Bierkaltschale bringen?' Viele Kunden bejahen dieses Angebot. Auch die Alternativ-Formulierung ist sehr wichtig. Ich lasse die Gäste entscheiden zwischen Rotwein und Rosé."

Es interessierte mich einfach, herauszufinden, inwieweit ein Ober seine Gäste beeinflussen kann. Sein Gesicht strahlte, als er mir erzählte, daß er viele Gerichte „verkaufen" kann. Es kommt eben nur darauf an, wie man es macht! Kunden lassen sich in den meisten Fällen recht gern beraten. Gute Formulierungen fördern stets den Verkauf.

Methode:
- Interessante Formulierungen
- Aufmerksamkeit oder Neugierde wecken

Ratschläge und Regeln:
- Entwickeln Sie ein „offenes Ohr" für Verkaufsformulierungen.
- Überlegen Sie, wie Sie für die Benennung Ihrer Produkte eine andere Terminologie finden können – „Kaltschale"
- Gerade in der Gastronomie-Branche ließe sich noch viel mehr an Erzeugnissen verkaufen.
- Zum Beispiel nach dem Essen die höfliche Frage: „Und nun noch ein Täßchen Kaffee?" (siehe Tip 2)

32   Der Kunde, der selten etwas sagte

Herr Hennig, ein erfolgreicher Handelsvertreter aus der Herren-konfektion erzählte:

„Ich hatte einen älteren Kunden, der sich selten irgendwie äußer-te. So legte ich die Kollektion vor, er nahm wortlos das eine oder andere Stück zur Hand, las das Etikett, prüfte die Warenqualität, das Stoffmuster und meinte zum Schluß kurz: ‚Hier, diesen Anzug und diesen nehme ich!'

Bei meinem nächsten Besuch legte ich einfach einige Muster mehr auf den Tisch. Mit ausgestrecktem Arm rief der Kunde, auf diese zusätzlichen Muster deutend: ‚Diese nehme ich nicht!'

Ich fragte: ‚Wollen Sie wirklich auf diese beiden umsatzträchtigen Artikel verzichten?' Darauf er lakonisch: ‚Gut, wenn Sie mei-nen ...' Das Spiel wiederholte sich beim nächsten Besuch wieder-um, nur mit der Ausnahme, daß der Kunde mich nach Ansehen der Kollektion – was er wie immer wortlos tat – schmunzelnd frag-te: ‚Und welche Muster sind die, die Sie mir diesmal untergescho-ben haben! Die möchte ich jetzt besonders sehen.' Ich deutete auf die tatsächlich zusätzlich mitgebrachten Muster, und er kaufte sie tatsächlich."

Methode:
- Kunden Zeit lassen
- Ausdauer haben

Ratschläge und Regeln:
- Kunden, die erst nur prüfen und nichts sagen, befassen sich meistens intensiver mit ihrem Kaufproblem als andere und entscheiden sich dann um so rascher.
- Schweigen bedeutet nicht immer Ablehnung. Warten Sie geduldig ab und lassen Sie dem Kunden Zeit zum Prüfen des Angebots.

33 „Haben wir nicht!"

Bei Test-Käufen wurde vor etwa einem Jahr ein angeblicher Best-seller mit einem ausgefallenen wissenschaftlichen Titel, präzise angegeben mit Verfasser und Verlag (den es in Wirklichkeit gar nicht gibt) in einigen Buchhandlungen verlangt. Über die Hälfte der angesprochenen Buchhandlungen boten nicht an, den Titel zu bestellen, sondern begnügten sich mit dem lapidaren Satz: „Haben wir nicht!"

Dagegen wollten 30 % das Buch bestellen, ohne jedoch vorher im Verzeichnis der lieferbaren Bücher (VLB) überhaupt nachgeschlagen zu haben.

Methode:
- Nicht auf den Kunden und seine Wünsche eingehen
- Zu bequem, sich über das Gewünschte zu informieren, zu bestellen, dem Kunden zu helfen

Ratschläge und Regeln:
- Analysieren Sie die Verkaufsmethoden und das Verhalten Ihrer Verkäufer.
- Trainieren Sie Ihre Verkäufer in der Fragetechnik.
- Schaffen Sie die Voraussetzungen für gute Verkaufsleistungen.
- Versuchen Sie, in der Mannschaft Teamgeist zu wecken.

34   Schaufensterauslagen verkaufen Bücher

Während eines Wanderurlaubs verbrachte ich einmal ein paar Tage in Urach. Am Spätnachmittag machte ich einen kleinen Bummel durch die Stadt. Da Verkaufen eine Art Hobby für mich ist, helfe ich gern einmal einem Geschäftsmann durch Tips zu einem besseren Abverkauf. Ich suchte u. a. eine der dortigen Buchhandlungen auf und stellte die Frage, ob sie daran interessiert wären, mehr Bücher zu verkaufen. Die Inhaberin bejahte die Frage natürlich und sagte: „Für nützliche Hinweise und Tips sind wir immer empfänglich!"

Darauf nahm ich die Dame mit nach draußen und zeigte ihr ihr Schaufenster, in das einfach zu viele Bücher „hineingepackt" waren. Ich stellte danach folgende Fragen:

- Ist Urach ein Gesundheitszentrum?
- Interessieren sich die Kurgäste hier möglicherweise mehr für ihre Gesundheit als die anderen Urlauber?

Wir führten danach ein interessantes Gespräch über verschiedene Absatzmöglichkeiten, und ich machte den Vorschlag, das Fenster gemeinsam neu zu gestalten. Wir stellten verschiedene aktuelle Bücher über Gesundheitsthemen und über Lebensmotivation hinein, wie beispielsweise: „Sorge Dich nicht, lebe", „Die Macht des positiven Denkens", „Entspannt durch Gesundheitstraining" usw.

Mit Interesse verfolgten wir die Reaktion und konnten schnell die ersten positiven Ergebnisse feststellen.

Methode:

- Schaufenster optimal ausnutzen und gestalten
- Aktuelle, auf die Bedürfnisse des jeweiligen Kundenkreises abgestellte und nicht „überladene" Schaufenster

Ratschläge und Regeln:

- Es lohnt sich, sich die Zeit zu nehmen, um eine gute Warenplazierung im Schaufenster zu erreichen.
- Nehmen Sie sich auch die Zeit, eine häufigere Umgestaltung regelmäßig durchzuführen, um so das Kundeninteresse zu wecken und zu erhalten.
- Zeigen Sie Ihre Aktualität, und denken Sie daran: Weniger ist oft mehr!

Tip für: ○ **Buchhandel**

35 Buchgeschenkschecks lohnen sich

Es ist immer wieder dasselbe, Hunderte von Menschen sind ent-
täuscht, weil ihnen ein Buch zum Fest geschenkt wurde, das sie
schon besitzen oder aber gar nicht haben möchten. Es liegt dann
irgendwo ungelesen herum. Wer z. B. ein Geschenk für seine Oma
sucht, hat es oft schwer, das Richtige zu finden, denn Verkäufer
und Verkäuferinnen neigen oft dazu, die Bücher zu empfehlen,
die sie selbst gern mögen. Dabei sollten sie und wir uns aber viel
mehr in die Situation des Empfängers hineindenken, Genera-
tionsunterschiede, berufliche oder private Ambitionen usw. bedenken. Besonders schwer fällt das natürlich, wenn man den zu
Beschenkenden kaum oder nicht sehr gut kennt, wenn seine be-
vorzugte Geschmacksrichtung oder die Lieblingsautoren unbekannt sind. Sie haben sich aber nun mal dazu entschieden, dem
entsprechenden Freund oder Bekannten mit einem Buch eine
Freude machen zu wollen. Wie wäre es da mit einem Buchge-
schenkscheck? Diese Lösung ist mit einem Wort ideal.

Methode:
- Einführung von Buchgeschenkschecks

Ratschläge und Regeln:
- Stellen Sie Ihren Kunden Geschenkschecks zur Verfügung
  – Sie werden zufriedene Kunden haben.
- Geschenkschecks bescheren Ihnen neue Kunden, die bei
  Einlösung ihres Geschenkschecks möglicherweise noch ein
  weiteres Buch entdecken und erwerben, auch wenn der
  Preis dann über den Scheckbetrag hinausgeht.
- Auch andere Warengeschenkschecks erweitern den Kun-
  denkreis.

Tip für: ○ Gastronomie   ○ Texter
           ○ Verkaufsförderung   ○ Direktverkauf
           ○ Werbeagenturen

36   Haben Sie eine Karte da?

Schon seit vielen Jahren habe ich es mir u. a. zum Hobby gemacht, Speisekarten der unterschiedlichsten Art und Aufmachung zu sammeln. Viele Gastronomen wissen offensichtlich gar nicht, daß sie durch unadäquate Speisekarten einige tausend Mark einbüßen. Eine gute, übersichtliche, appetitanregende, Wünsche weckende Speisekarte ist der schnellste Weg von der Küche zum Magen des Gastes! Folgende Hauptfehler sind mir aufgefallen:

- Überhaupt keine Übersichtlichkeit
- Eine allzu profane Auflistung der Speisen und Getränke
- Zu schlechte graphische Gestaltung (zu kleine Schrift, wenig Illustration, falsche Farbgebung im Druck usw.)
- Zu undeutliche Differenzierung zwischen Vorspeisen, Haupt- und Tellergerichten, Spezialitäten (z. B. aus welchen Ländern stammend), Desserts, Kinder-Menues, Diätgerichten usw.
- Mangelnde Produktabbildung (Fotos, Zeichnungen, Skizzen usw.)

Leider trifft man auf wirklich gute und anregende Speisekarten selten; wenn aber, dann fällt mir die Auswahl zwar schwer, aber stets bestelle ich dann mehr, als ich ursprünglich vorhatte, trotz meines schlechten Gewissens, daß der Kalorienetat überzogen wird! Den Appetit anregen, das ist schließlich auch der Sinn einer Speisekarte, so meine ich jedenfalls! Natürlich sind sie auch für andere Kriterien wie Preise, Zusatz von Konservierungs- oder Farbstoffen usw. wichtig.

Methode:
- Bilder verkaufen mehr
- Gute Übersichtlichkeit und nette Illustration

Ratschläge und Regeln:
- Sparen Sie nie an der Aufmachung Ihrer Speisekarte.
- Die Augen essen mit. Versuchen Sie also, auch die Speisekarte bereits optisch reizvoll und anregend zu gestalten.

37   Gurkenschmaus gibt es in Wyk auf Föhr

Im vergangenen Jahr besuchten meine Frau und ich während unseres Urlaubs die hübsche Nordsee-Insel Föhr. Dort gibt es sehr interessante, nette Geschäfte und eine gute Gastronomie. Besonders beeindruckt war ich von der interessanten Werbemethode eines Einzelhandelsgeschäftes. Vor dem Geschäft stand ein großes Schild mit der Aufschrift:

„Gurkenschmaus – Rezept aus Omas Zeiten – nur 50 Pfennig
pro Stück!"

Ein toller Kundenstopper, nicht wahr? Die Passanten waren sehr angetan, und schnell bildete sich eine Gruppe von Gurken essenden Menschen. Es war wirklich merkwürdig, aber plötzlich schienen viele einen unwiderstehlichen Appetit auf Gurken zu haben, oder war es nur der Reiz, sich selbst aus dem großen Faß, das auf dem Bürgersteig neben dem großen Schild stand, mittels einer rustikalen Holzzange eine knackige Gurke herausfischen zu können? Jedenfalls fischte man und fischte, ging anschließend in den Laden, um zu zahlen ... und kaufte dabei gleich noch diese und jene Delikatesse.

Methode:
- Erregung von Kundenaufmerksamkeit durch einen originellen Einfall
- Wecken von Kundenwünschen

Ratschläge und Regeln:
- Entwickeln Sie immer wieder für Ihr Geschäft neue Kundenstopper.
- Originelle Ideen locken stets Kunden ins Geschäft!

38   Sie tragen aber einen teuren Anzug!

Ein Verkäufer erzählte mir einmal folgende Geschichte:
Am Sonntagabend war ich in Eile von zu Hause abgereist. Am
folgenden Morgen entdeckte ich dann, daß ich für meinen braunen Anzug keine passenden Schuhe eingepackt hatte. Lediglich
ein Paar schwarze Schuhe hatte ich dabei, und die trug ich. Da ich
aber so nicht gehen mochte, war ich gezwungen, mir ein Paar
braune Schuhe unterwegs zu kaufen. Ich besuchte ein gutes
Schuhgeschäft im Stadtzentrum und wurde dort von einer sehr geschickten Verkäuferin bedient! Sie zeigte mir einige Markenschu-
he, die natürlich preislich auch entsprechend hoch lagen. Weil dieser Kauf nur ein Verlegenheitskauf war, wollte ich natürlich nicht
allzu viel Geld ausgeben. Ein Paar allerdings gefiel mir schon sehr
gut, paßte auch hervorragend, und das einzig negative war nur,
daß es mir eben zu teuer war, was ich der Verkäuferin gegenüber
dann auch zum Ausdruck brachte. Darauf sagte sie verschmitzt
lächelnd: „Sicher, ich verstehe schon Ihre Überlegung, aber wissen Sie, Ihr Anzug ist auch nicht gerade von der billigsten Sorte,
und ich meine, wer einen so teuren Anzug trägt, sollte eigentlich
…", und sie blickte dabei liebevoll auf den Schuh in ihrer Hand,
und ihre schlanke, gepflegte Hand streichelte beinahe zärtlich – so
schien es mir jedenfalls – über das glatte, mattschimmernde, ge-
schmeidige Leder … Wer hätte da noch widerstehen können? Ich
war beeindruckt! Von dem wunderschönen Qualitätsschuh – und
von der charmanten Art der Verkäuferin!

Methode:
● Keine Angst haben vor Preisgesprächen und ihnen mutig
   begegnen

Ratschläge und Regeln:
● Gehen Sie auf Kundenäußerungen ein, und machen Sie das
   Beste daraus.
● Denken Sie daran: Kein Mensch ist gegen eine Schmeiche-
   lei gefeit.
● Setzen Sie Ihren Charme ein; er ist häufig erfolgverspre-
   chender als so manche teure Werbeaktion!

39   Schnaps macht lustig

Am Sonntag vor dem Rosenmontag fand in Frankfurt der Fastnachtszug statt. Um 14.00 Uhr sollte er beginnen. Um 12.00 Uhr säumten bereits viele Schaulustige die Straßen. Sie hatten also noch einige Stunden auf den Zug zu warten. Es war bitter kalt. Dies alles hatte der Verkäufer wohl bedacht. Wenn er diesen Menschen etwas verkaufen wollte, dann mußte es etwas sein, was wärmt: also heiße Würstchen oder Schnaps in kleinen Taschenflaschen. Er entschied sich für Schnaps. Erstens ist der Schnaps fertig verpackt, läßt sich also besser und leichter anbieten, zweitens ist es eine Tatsache, daß auf den Fastnachtszug wartende Menschen nicht nur ungern frieren, sondern auch etwas vergnügt sein möchten, wozu ja Alkohol in jeder Form und in gewisser Menge durchaus beiträgt. Also nahm er seinen Bauchladen, ging die Menschenreihen entlang, machte aber schließlich ein recht dummes Gesicht, denn die Leute kauften keinen Schnaps!

Er überlegte, was zu tun sei, besorgte sich darauf eine Fastnachtsmaske, band sie vor das Gesicht und rief: „Kauft Schnaps, Leute, Schnaps macht lustig!"

Die Leute lachten auch über ihn, hier und da kaufte jemand ein Fläschchen, aber man konnte trotzdem beim besten Willen nicht behaupten, daß die Leute ihm die Flaschen aus den Händen rissen. Offenbar war das Amüsierbedürfnis nicht groß genug.

Endlich versuchte der Verkäufer es mit einem anderen Argument und rief: „Wer friert, braucht einen Schnaps!" Das verstanden die Leute irgendwie besser! Denn sie standen wechselweise auf einem Bein und hatten ihre Schals bis an die Nasenspitze hochgezogen. Der Verkauf ging nun wesentlich flotter. Damit ist beileibe nicht gesagt, daß die Leute den Schnaps kauften, nur um sich zu wärmen. Sicher lag ihnen am Lustigsein auch etwas, vielleicht wollten sie es sich und den anderen nur nicht eingestehen, daß sie erst trinken mußten, um vergnügt zu sein. Da Alkohol die Glieder wärmt, war dies eine willkommene Rechtfertigung für den Kauf.

Jedenfalls begehrten die Wartenden nun die Flaschen, denn plötzlich sagte einer der Umstehenden: „Her damit! Schnaps trinken ist besser als frieren!" Der Händler übernahm diesen Slogan und rief:

„Schnaps trinken ist besser als frieren!" Nach einer Stunde war er ausverkauft.

(Quelle: Claus Borgeest, Verkaufsgespräche, Forkel Verlag Stuttgart)

Methode:
- Achten Sie auf interessante Formulierungen
- Versuchen Sie, geheime Kundenwünsche zu erraten
- Versprechen Sie die Befriedigung von Kundenbedürfnissen
- Beziehen Sie mögliche Kaufhindernisse in Ihre Überlegungen ein (in diesem Fall der Verdacht, als Säufer zu gelten oder als einer, der nur mit Alkohol lustig wird).

Ratschläge und Regeln:
- Überlegen und erproben Sie Verkaufsformulierungen für die Praxis.
- Ein falsches Wort in einem Satz kann schon eine negative Auswirkung haben.
- Viele gute Verkaufssätze und -formulierungen werden oft in der Praxis durch Zufall entdeckt.
- Erproben Sie immer wieder neue Verkaufsformulierungen, bis Sie die verkaufswirksamste Aussage gefunden haben.
- Gute Verkaufsformulierungen können die Umsätze wesentlich steigern: „Gut formuliert ist halb verkauft".

MAN MUSS DIE RICHTIGE SACHE
AN DEN RICHTIGEN MANN ZUR
RICHTIGEN ZEIT BRINGEN.

*

DIE BEGEISTERUNG BEIM
VERKÄUFER IST WIE DIE PRISE
SALZ BEIM EI.

Tip für:	o alle im Verkauf	o Fachhandel
	Tätigen	o Einzelhandel

40 Zahnpasta und ...

Folgender Test war 1956 das Tagesgespräch in amerikanischen Verkäuferkreisen: Man gab 90 vorher instruierten Personen je 5 Dollar und schickte sie in die verschiedensten Drogerien. In jeder Drogerie hatten sie wörtlich zu sagen: „Ich bin gerade in dieser Stadt angekommen und habe meine Reisetasche verloren. Ich möchte eine Tube Zahnpaste."

Dieser Satz war als Stichwort für die Verkäufer in den Drogerien gedacht, die ihre Kunden zum Kauf auch der übrigen verlorengegangen Toilettenartikel anregen sollten.

Dafür hatte jede der 90 Personen ihre 5 Dollar zur Verfügung, damals mit einer Kaufkraft von ca. 50 DM. Diese 90 Versuchskäufer hätten also insgesamt 450 Dollar ausgeben können. 319,83 Dollar brachten sie aber wieder zurück!

Wir haben keinen Grund anzunehmen, daß das Ergebnis bei uns günstiger ausgefallen wäre! Auch in Europa liegen unübersehbar weite Verkaufsgebiete noch brach. Sie warten auf frische, aufgeschlossene Verkäufer, die sich freuen, für den Kunden mitdenken zu können, die ihm dienen wollen und dabei unversehens selbst verdienen.

(Quelle: Claus Borgeest, Verkaufsgespräche, Forkel Verlag Stuttgart)

Methode:
- Denken Sie an den Zusatzverkauf
- Mitdenken (mit dem Kunden)

Ratschläge und Regeln:
- Wer nur verkauft, was gefragt wird, verschenkt Umsatz.
- Denken Sie für den Kunden mit, und machen Sie ihm Vorschläge von Zusatzartikeln, die er für seine Problemlösungen verwenden kann.

41   Achten Sie auf Kaufsignale!

Ich kenne einen Verkäufer, der in der Elektro-Branche tätig ist.
Er verkauft u. a. Kühlschränke und erzählte mir folgendes über
Kaufsignale:

„Ein Verkaufsgespräch wird Stufe für Stufe aufgebaut! Es kommt
eine Phase, in der man sehr leicht das Thema zerreden kann und
somit vom Abschluß abweicht. Es ist sehr wichtig, frühzeitig festzustellen, ob zum Beispiel ein kaufinteressiertes Ehepaar noch
mehr Fakten und Daten über ein bestimmtes Produkt benötigt,
oder ob man schon gleich zum Abschluß überleiten soll. Um die
Kaufbereitschaft zu prüfen, habe ich mir folgende Methode zu-
rechtgelegt: Nachdem ich alle mir nötig erscheinenden Fakten und
Daten genannt habe und der Meinung bin, daß ich zum Abschluß-
gespräch ansetzen soll, knalle ich einfach die Kühlschranktür derb
zu! Wenn das Ehepaar darauf mit einem Zusammenzucken rea-
giert, kann ich ziemlich sicher sein, daß es zu gerade diesem Kühl-
schrank schon ein besonderes Verhältnis hat, so, als würde es ihn
bereits als sein Eigentum ansehen, mit dem man doch – bitte sehr –
etwas sorgsamer umgehen sollte! Steht das Ehepaar aber unbe-
rührt und ohne merkliche Reaktion daneben, bedeutet dies für
mich, daß ich noch etwas tun muß, um ein entsprechendes Kaufin-
teresse und eine Abschlußbereitschaft zu erzielen."

Hier nun noch einige weitere Kauf-Bereitschaftssignale, die uns
vielleicht den Weg zum Abschluß deutlich machen:

Einige wichtige Signale:
- Wenn sich die Muskeln entspannen, besonders an den
  Mundwinkeln.
- Wenn der Kunde seine Hände lockert.
- Wenn er nochmals das Auftragsformular zur Hand nimmt.
- Wenn er durch Kopfnicken eine zustimmende Haltung ein-
  nimmt.
- Wenn er die Ware nochmals in die Hand nimmt / darüber
  streicht / sie befühlt / sie eingehend betrachtet.
- Wenn er sich nicht abwendet.
- Wenn er seinen „Mitkäufer" lächelnd anschaut.

Methode:
- Beachtung der Körpersprache und der Kaufsignale
- Den Kunden nicht mit überflüssiger Information überschütten
- Gewünschte Information beschaffen oder Zusendung zusagen

Ratschläge und Regeln:
- Besuchen Sie Seminare zum Thema Körpersprache.
- Lassen Sie sich im Buchhandel beraten über einige gute Bücher zu dieser Thematik, und studieren sie diese.
- Beobachten Sie genauestens die Signale der Körpersprache bei Ihren Verhandlungspartnern.

DEN KUNDEN ZU KENNEN, IST
OFT BESSER, ALS PRODUKTKENNT-
NISSE ZU BESITZEN.

*

DAS PROBLEM IM VERKAUF IST NICHT,
DASS MAN ZU VIELE KUNDEN HAT,
SONDERN DASS MAN IM VORAUS
NIE WEISS, WER KAUFEN WIRD!

*

FRÜHER WAR DER KUNDE KÖNIG
– HEUTE IST ER PARTNER.

42   Kennen Sie die B-E-Z-A-H-L-Formel?

Eine wichtige Verkaufsformel für den Einzelhändler stellt sich aus den Vorbuchstaben des Wortes „Bezahl" wie folgt zusammen:

Begrüßung
Erfragen
Zeigen
Auswahl
Handeln
Loben.

Begrüßung:
- Den Kunden freundlich und entgegenkommend begrüßen.
- Einige Eröffnungsformulierungen: „Darf ich Ihnen behilflich sein?" oder „Kann ich Ihnen helfen?"
- Sprechen Sie mit dem ganzen Körper. Freundliche Mimik und Gestik sind wichtig.

Erfragen:
- Versuchen Sie klug und diplomatisch herauszufinden, was dem Kunden vorschwebt, ohne dabei aufdringlich zu sein.
- Wer die Pausentechnik anwendet, zwingt den Kunden dazu, zuerst zu sprechen – und erfährt dadurch bald die Kundenwünsche, ohne zu viel fragen zu müssen.
- Wer mit guten Fragen oder der Zuhörtechnik arbeitet, zeigt dem Kunden schon zu Beginn des Gesprächs oder der Vorführung das „Richtige". Er gewinnt so viel Zeit für den nächsten Kunden.

Zeigen:
- Gehen Sie mit der Ware behutsam und schonend um!
- Stellen Sie Ihr Produkt in den Mittelpunkt des Gesprächs. Lassen Sie die Ware für sich sprechen.
- Zeigen Sie niemals zu viel auf einmal. Verwenden Sie die „Drei-Stufen-Demonstrationstechnik" (Tip 9).

Auswahl:
- Beobachten Sie den Kunden genau, um so möglichst schnell zu ergründen, zu welchem Artikel er am meisten

tendiert. Die Mimik und die Körpersprache signalisieren Ihnen Vorliebe und Interesse.

- Bestärken Sie den Kunden in seiner Meinung, und helfen Sie ihm, eine Entscheidung zu treffen.
- Beachten und berücksichtigen Sie die Rolle etwaiger präsenter Entscheidungs-Beeinflusser.

Handeln:

- Eine der Hauptaufgaben der Verkäufer liegt darin, nicht nur die Ware vorzuführen oder sie zu demonstrieren, sondern dem Kunden hier und jetzt zu einer Kaufentscheidung zu verhelfen. Sie helfen damit gleichzeitig ihm – und auch Ihrer Firma!
- Handeln Sie zügig! Nehmen Sie z. B. eine Tragetasche zur Hand, und verwenden Sie entsprechende Formulierungen wie etwa: „Möchten Sie dieses einmal versuchen? Ich pakke es Ihnen ein!" „Möchten Sie das . . . noch dazu?" „Dort geht es zur Kasse . . ."
- Erleichtern Sie dem Kunden die Entscheidung durch Ermutigung, Ansporn und Zuspruch. Verwenden Sie Wortbilder, die dem Kunden die Nutzen und die Vorteile des Produktes schildern. „Sie werden den Kauf bestimmt nicht bereuen und viel Freude daran haben." oder: „Sie gehen hiermit bestimmt kein Risiko ein."

Loben:

- Kunden trennen sich ungern von ihrem Geld. Sie machen sich mitunter kurz nach dem Kauf Gedanken und manchmal sogar Vorwürfe. Bestätigen Sie deshalb verständnisvoll, daß der Kauf überlegt sein will, daß es aber bestimmt kein Nachteil ist, ihn zu tätigen.
- Bestätigen Sie den Kunden, nachdem er sich entschieden hat, durch Äußerungen, wie z. B.: „Sie haben bestimmt richtig gewählt!" oder: „Sie haben einen sehr guten Geschmack!" oder: „Man wird Sie bestimmt darum beneiden.", die Richtigkeit seines Kaufentschlusses.
- Betrachten Sie die Ware – und lassen Sie sie betrachten! (Halten Sie zum Beispiel die Kristallvase noch einmal kurz gegen das Licht, oder streicheln Sie liebevoll und glättend über den Stoff. Denn: Kaufen soll Freude machen. Seien Sie der Vermittler der Freude. Strahlende Augen und ein zufriedenes Gesicht des Kunden reflektieren auf Sie!

43   Roy verkaufte alles!

In einem Ort, Port Shepstone in Südafrika, führte Roy ein Lebensmittelgeschäft. Und nicht nur Lebensmittel ... In einem größeren Hinterraum lagerten seine „Spezialitäten". Roy war bekannt wie ein „bunter Hund" und machte in den umliegenden Städten „Freundschaftsbesuche".

Meinem Freund Webber versprach er z. B. einen neuen Opel zur Hälfte des Neupreises. Herr Webber besuchte ihn daraufhin in seinem „Spezialitätenraum", um herauszufinden, wann er endlich seinen Wagen bekommen würde. „Ja", meinte Roy lächelnd, „er ist zur Zeit in Durban, beim Zoll!" Mein Freund besuchte Roy noch oft, und bei jedem Besuch verkaufte ihm Roy irgend etwas anderes, einmal einen Anzug, dann Schuhe etc., alles zu einem Spottpreis. „Stellen Sie sich vor, diesen Anzug habe ich für nur 50 Rand gekauft", erzählte mir Webber freudestrahlend. Durch seine völlig unterschiedliche Preisgestaltung (manchmal nicht einmal in Höhe des eigenen Einkaufspreises) gewann er seine Kunden, die durch den günstigen Kauf so positiv beeinflußt waren, daß sie davon natürlich anderen Leuten erzählten, die dann wiederum auch zu Roy kamen. Sein Spezialitätenraum war immer voll mit Kunden, die kauften mal billig, ein anderes Mal natürlich auch teurer, denn sonst hätte sein Geschäft ja nicht bestehen können.

Übrigens: Mein Freund bekam niemals den Opel von Roy, auch nicht zu einem höheren Preis, aber er kaufte bei jedem seiner Besuche immer etwas. Roy hatte eine so humoristische Art, daß ihm niemand etwas krumm nahm. Viele Inder (er war einer!) haben das Verkaufen einfach im Blut.

In Deutschland wird man dagegen oft schief angeschaut, wenn man nach Rabatten fragt. „Wir haben nur Festpreise", heißt es meistens. Allmählich macht sich aber auch hier der Trend bemerkbar, daß man, bedingt durch den zunehmenden Wettbewerb, flexibler in der Preisgestaltung wird.

Methode:
- Neugierde wecken
- Preisflexibilität

- Erreichen, daß verschiedene Besuche im Laden notwendig sind
- Dafür sorgen, daß sich die Kunden dabei wohlfühlen

Ratschläge und Regeln:
- Manche Kaufleute versuchen, sich ein „zweites Bein" zu schaffen.
- Wer einige seiner Produkte „als Gelegenheitskauf" anbietet, sichert sich dadurch eine gute Mundpropaganda.
- Voraussetzung hierfür ist natürlich eine entsprechend billige Einkaufsquelle für den Geschäftsmann, denn sonst wäre sein Laden bald pleite!
- Manchmal muß man schon etwas Mut zum Risiko haben und außergewöhnliche Wege gehen!

VIELE ERFINDER ZWEIFELN ZUERST AN
IHREN EIGENEN IDEEN – DESHALB GEBE
NICHT AUF!

*

ERFOLGSFORMEL FÜR DEN VERKAUF:
LANGE JAHRE HABE ICH NACH EINER
MAGISCHEN VERKAUFSFORMEL GESUCHT.
HEUTE KENNE ICH SIE: HARTE ARBEIT!

44 Blickkontakt beim Arbeiten mit Verkaufsmappen

In der Zusammenarbeit im Außendienst kann ich immer wieder feststellen, daß 50 % aller Verkäufer es nicht genügend verstehen, mit Verkaufsförderungs-Hilfsmittel richtig umzugehen. In der stehenden Position, das heißt neben dem Kunden stehend, wird die Verkaufsmappe auf den Tisch gelegt und Seite für Seite umgeblättert mit Blick nach unten. Diese Methode hat den großen Nachteil, daß man nicht wahrnehmen kann, ob der Kunde auch wirklich konzentriert und aufmerksam die Seiten bzw. das dort abgebildete Angebot verfolgt. Der Verkäufer hat also keine Rückkopplung. Wie oft schaut nämlich der Kunde während der „Vorführung" gelangweilt aus dem Fenster oder auf andere Dinge. Wir müssen immer sicherstellen, daß der Kunde nicht nur zuhört, sondern auch zusieht! Dabei sind folgende Punkte wichtig:

- Langsam arbeiten, nicht den Kunden hetzen, sondern Punkt für Punkt gemeinsam optisch und akustisch durchgehen.
- Blickkontakt beachten. Unbedingt während der Demonstration einige kurze Pausen einlegen und beobachten, ob der Kunde eine interessierte Haltung zeigt. Vielleicht empfiehlt sich auch die Einschaltung einer Frage, wie z. B.: „Wäre das hier für Sie nicht interessant?"
- Text vorlesen: Verwenden Sie möglichst einen Schwan-Stabilo-Leuchtstift, um die wichtigsten Textstellen zu markieren. Sie vertiefen somit Ihre Argumente und erhöhen die Aufmerksamkeit.
- Verkäufer müssen vor ihrer Präsentation selbst bereits die wichtigsten Punkte genau kennen, so daß sie ohne allzu intensives „Auf-das-Blatt-Schauen" demonstrieren können.
- Kaufbeeinflusser: Es ist auch wichtig, daß Sie andere Interessenten bzw. Partner im Raum in Ihre Beobachtung und natürlich auch in Ihr Gespräch einbeziehen, um somit optimal verkaufen zu können.
- Halten Sie die linke Hand hoch, und wiederholen Sie zum Schluß die fünf wichtigsten Punkte, die für einen Kauf sprechen, während Sie den Kunden freundlich anschauen.

Methode:
- Blickkontakt während der Demonstration halten
- Kundenäußerungen hervorlocken durch Aufzählung der von der Ware gewünschten Eigenschaften
- Sich auf das Tempo des Kunden einstellen

Ratschläge und Regeln:
- Verwenden Sie Verkaufsmappen, Broschüren, Prospekte und anderes zur Untermalung Ihres Verkaufsgesprächs.
- Üben Sie mit Kollegen Verkaufsgespräche unter Verwendung entsprechender Demonstrationsmittel.
- Versuchen Sie, Ihre Demonstrationstechnik so weit zu verfeinern und zu optimieren, daß Sie stets genügend Zeit und Möglichkeit haben, auf die Reaktion Ihres Gesprächspartners zu achten und daraus wichtige Schlüsse zu ziehen.

WER VERKAUFEN WILL, MUSS
SICH EIN PRINZIP DER NATUR
ZUNUTZE MACHEN: WER VIELE
BESUCHE MACHT, WIRD IRGEND-
WANN ZUM ERFOLG KOMMEN.

*

DIE TECHNIK WAR FÜR
HENRY FORD ZU SCHWER –
DER VERKAUF LEICHT.
HEUTE IST DIE TECHNIK LEICHT, ABER
DER VERKAUF SCHWER.

*

WER MIT VERKAUFEN GELD VERDIENEN
MUSS, LERNT ES SCHNELLER ALS ANDERE.

45 Der Freiburger Verkäufer verteilt nur Prospekte

Während einer Zusammenarbeit mit einem Freiburger Verkäufer besuchten wir eine bedeutende Pharma-Großhandlung. Wir sprachen mit dem zuständigen Einkäufer dieser Firma. Der Verkäufer verteilte sehr eifrig seine Prospekte mit dem Hinweis: „Was Sie wissen wollen, steht alles da drin!"

Seine „Abschluß-Technik" bestand schließlich in der Formulierung: „Schauen Sie sich dies einmal in Ruhe an. Ich komme gelegentlich wieder vorbei – vielleicht in etwa drei Wochen."

Damals dachte ich so bei mir: Wie viele Verkäufer hinterlassen wohl in ähnlicher Manier ihre Unterlagen beim Kunden, die dann vermutlich zum größten Teil in den Papierkorb wandern?

Methode:
- Abschluß-Versuch nicht vergessen!
- Frage stellen, ob der Kunde kaufen will
- Abschlußtechnik beherrschen

Ratschläge und Regeln:
- Manche Firma täte besser daran, ihre Prospekte per Post zu verschicken – dann störte der Verkäufer wenigstens nicht durch sein Erscheinen beim Kunden dessen Geschäftsablauf.
- Gute Verkäufer beachten den roten Faden im Verkaufsgespräch und versuchen hier und jetzt den Kunden zu einer Kaufentscheidung zu veranlassen.
- Beherrschung der entsprechenden Abschlußtechniken erlernen.

Tip für:	○ Vertreter	○ Werbetexter
	○ Berater	○ Verkaufsleiter

46 Steigen Sie groß ein

Vor einiger Zeit besuchte ich mit einem Außendienstmitarbeiter mehrere Kunden im Karlsruher Raum. Es waren Verbrauchermärkte, Großhandlungen und auch Einzelhandelsgeschäfte. Dieser „neue Mann" in der Firma hatte bereits nach zwei Monaten erhebliche Umsatzsteigerungen gegenüber seinem Vorgänger zu verzeichnen, und dies erstaunte mich. Aus diesem Grunde habe ich daraufhin die Karteikarten der Kunden durchgesehen und machte die Entdeckung, daß der frühere Mitarbeiter des öfteren bereit war, beispielsweise XYZ-Tücher auch nur stückweise zu verkaufen. Der neue Verkäufer hingegen ließ sich von Anfang an bei den Kundengesprächen auf solch kleine Bestellmengen gar nicht ein, blieb fest und bot konsequent nur kartonweise an. Und seine Kunden akzeptierten dies! Ein Gewinn für ihn und seine Firma.

Methode:
- Nicht stückweise, besser kartonweise verkaufen
- Mut haben, größere Bestellmengen anzubieten

Ratschläge und Regeln:
- Die Macht des „positiven Denkens" macht sich auch im Verkauf bezahlt.
- Der Verkäufer ist manches Mal durchaus in der Lage, die Einkaufsmenge selbst zu bestimmen.
- Wer mehr Ware anbietet, verkauft mehr.
- Mut zur Menge hat sich oft bezahlt gemacht – natürlich darf man den Kunden dabei nicht „überrumpeln"; er muß mit sachlichen Argumenten überzeugt werden und das Gefühl haben, gut bedient worden zu sein.
- Nicht umsonst sagt man: Lagerdruck fördert den Verkauf.

Tip für: o **Außendienstler**   o **Telefonverkauf**
        o **Verkaufsleiter**   o **Marktforscher**
        o **Direktwerbung**

47   Der Mann am Zeichenbrett – ein Beeinflusser?

Vor einiger Zeit besuchte ich mit einem technischen Verkäufer die Firma HANOMAG in Hannover. Der Verkäufer erzählte mir dabei:

„Jahrelang habe ich mich bemüht, unsere Produkte hier einzuführen. Aber beim Einkauf kam ich niemals weiter. Deshalb entschloß ich mich schließlich, einmal den ‚Mann am Zeichenbrett‘, den Hauptkonstrukteur, zu ‚bearbeiten‘. Durch mehrere Besuche und Gespräche mit ihm, durch Übermittlung technischer Einzelheiten und Produktmuster gelang es mir dann endlich, hier doch noch Fuß zu fassen. Seit einigen Jahren bin ich nun schon Lieferant, und die Produkte werden akzeptiert.

Durch den guten Kontakt zu dem Konstrukteur ist es mir außerdem möglich, auch ab und zu mit den Anwendungstechnikern ein Wort zu wechseln. Bei diesen Gelegenheiten beobachte ich haarscharf, ob Mitbewerber-Produkte verwendet werden. Manchmal entdecke ich dann hier und da auch ein solches und spreche dann sofort meinen ‚Kontaktmann‘ an. Diese partnerschaftliche Zusammenarbeit kommt allen zugute.“

Methode:
- Gespräch und Kontakt zum technischen Personal

Ratschläge und Regeln: ·
- Lassen Sie sich nicht einfach vom Einkauf abwimmeln.
- Schaffen Sie eine gute Beziehung zu anderen Mitarbeitern.
- Versuchen Sie, Freund des Hauses zu werden, und bauen Sie möglichst mehrere Kontakte im Hause auf.
- Kundenloyalität kann aber leicht ins Wanken kommen, wenn Ihre persönliche Betreuung nachläßt. Seien Sie immer dazu bereit!

o **Außendienstler**   o **Produktmanager**
          o **Messeverkäufer**   o **Verkaufsförderer**
          o **Demonstrationsverkäufer**

48 Fensterscheiben helfen „Wischwunder" zu verkaufen

Eine Firma in Weinheim hat es verstanden, Problemlösungen rund um die Spüle und auch generell im Haushalt zu finden. Die besagte Firma stellt den Hausfrauen unter anderem praktische, neuzeitliche, hygienische und kochfeste Wischtücher zur Verfügung.

Die ersten Verkäufer hatten es allerdings nicht leicht, die Kundinnen zu überzeugen, Geld für ein Putztuch auszugeben. Putztücher hatte man in Form alter Stoffreste aus dem Lumpensack stets kostenlos im Hause! Die ersten Pioniere auf diesem Sektor schafften es schließlich durch gut durchdachte Demonstrationsmethoden. Sie baten z. B. einen Einzelhandelskaufmann zum Fenster und sagten: „Schauen Sie bitte einmal her!" Sie schmierten dabei das Fenster mit Nivea-Creme ein. Mit dem neuen „Wischwunder"-Tuch wurde das verschmierte Fenster im Nu blitzblank und kristallklar. Diese praktische Demonstrationsmethode überzeugte fast jeden Kunden, der dann bereit war, die Ware abzunehmen. Mittlerweile verzichten viele Hausfrauen auf ihre unhygienischen Putzlappen alten Stils und verwenden diese Qualitätstücher. Qualität ist eben ihren Preis wert!

Methode:
- Überzeugen durch Beweise
- Eindrucksvoll demonstrieren

Ratschläge und Regeln:
- Die Demonstrationsmethode liegt immer noch wie eh und je an erster Stelle für den Überzeugungsvorgang.
- Sagen Sie weniger – zeigen Sie mehr!
- Erdenken Sie sich originelle Methoden, Ihre Produkte an den Mann – oder an die Frau – zu bringen.
- Möglicherweise bedarf es manchmal einiger kleiner Vorrichtungen, um die Demonstration optimal zu gestalten. Sorgen Sie dafür, daß diese immer bereit sind.

49 Sonst gilt Bangemachen nicht – Eröffnung des Verkaufsgesprächs

Ein Außendienstmitarbeiter erzählte mir, daß er während seiner Tätigkeit als Vertreter für eine bekannte deutsche Automobil-Rechtsschutzfirma folgende Methode anwendete:
Er besorgte sich die Namen und Adressen von Leuten, die sich gerade ein neues Auto gekauft hatten. Gleichzeitig bemühte er sich darum, von verschiedenen Versicherungsgesellschaften Fotos von Autounfällen zu erhalten, auf denen der jeweilige Autotyp und das Ausmaß der Schäden deutlich erkennbar waren. Beim Erstbesuch eines Kunden hielt er diesem gleich zu Beginn des Gespräches das entsprechende Bild entgegen mit den Worten: „Können Sie sich vorstellen, daß Ihr neuer Wagen auch so aussehen könnte, wie es dieses Foto zeigt?" Mit dieser Methode gelang es ihm in der Mehrzahl seiner Von-Tür-zu-Tür-Besuche, ins Gespräch und zum Abschluß einer KFZ-Rechtsschutzversicherung zu kommen.

Methode:
- Schock-Methode
- Visualisierungs-Verkauf

Ratschläge und Regeln:
- Schon in der Eröffnungsphase des Verkaufsgesprächs sollte nach Möglichkeit eine gute Idee vorhanden sein.
- In manchen Fällen kann dabei eine etwas unkonventionelle Ansprache äußerst erfolgreich sein.
- Warum nicht einmal zur Schock-Therapie greifen? Aber Achtung: Dabei darf nicht zu weit gegangen werden!
- Bemühen Sie sich, ein gutes Entree zu finden; suchen Sie stets nach neuen Möglichkeiten.

Tip für: o **Marketing**   o **Außendienst**
          o **Verkaufsförderung** o **Handelsvertreter**

50 Schade, daß gute Ideen oft am fehlenden Etat scheitern

„Recht vielen Dank für Ihre wirklich hochinteressante Präsentation. Ihre Ideen gefallen mir sehr gut, aber leider haben wir für diese Maßnahmen kein Geld im Etat vorgesehen! Schicken Sie uns ein schriftliches Angebot, und wir werden vielleicht im nächsten Jahr darauf zurückkommen!"

Es ist für den Verkäufer enttäuschend und bedrückend zugleich, diese oder ähnliche Antworten zu erhalten, besonders dann, wenn er merkt, daß der Kunde an sich gern kaufen würde. Für wichtige und langfristige Verkaufsobjekte muß man mit einem Vorabverkauf beginnen. In vielen Firmen wird der Etat für das nächste Jahr bereits Mitte des laufenden Kalenderjahres geplant und festgelegt, so daß kluge Verkäufer schon frühzeitig beginnen, Spezifikationen, Angebote und Finanzierungsbedarfspläne an den richtigen Stellen abzugeben.

In zunehmendem Maße ist heute, in Zeiten des Kostendruckes, festzustellen, daß mehr und mehr auf den Pfennig geschaut wird. Deshalb: Fangen Sie schon heute an, für morgen zu verkaufen.

Methode:
- Rechtzeitige Erstellung und Abgabe der Angebote für die Etatplanungen der Unternehmen

Ratschläge und Regeln:
- Langfristige Verkaufsplanung lohnt sich. Erstellen Sie schon Mitte dieses Jahres Kostenpläne für das kommende Jahr.
- Spezifikationen, Preisvorstellungen und sonstige Unterlagen müssen dem Kunden frühzeitig zugänglich gemacht werden.
- Je größer und bedeutender die Firma, desto früher und desto sorgfältiger ausgearbeitet müssen Ihre Angebote eingereicht werden.

51 Kfz-Vertreter müssen auch anpacken können

Vor kurzem war ich mit einem Kfz-Verkäufer, der Rostschutzmittel, Autozierleisten, Dämmaterial und anderes mehr anbietet, unterwegs. Er war ursprünglich Kfz-Mechaniker gewesen und kannte sich daher technisch sehr gut aus. Dieses Fachwissen und seine technischen Fähigkeiten nutzten ihm bei den Gesprächen mit den Meistern sehr viel, und manches Mal steckte er dann bei Problemen den Kopf mit unter die Motorhaube und half nicht nur mit Rat – sondern vor allem mit Tat. Dieses „Mitanpacken-Können" ist sehr wichtig im Verkauf! Es schafft Wohlwollen und Sympathie, und manchmal vielleicht sogar ein wenig das Gefühl der Verpflichtung.

Methode:
- Anwendung früher erworbener Fachkenntnisse
- Selbst vormachen – mit anpacken!

Ratschläge und Regeln:
- Seien Sie sich nicht zu schade dafür, einmal mit anzupacken (auch wenn Sie sich die Hände dabei schmutzig machen sollten)!
- Nichts schafft mehr Respekt und Wohlwollen als fachliches Wissen und Können – stellen Sie beides unter Beweis!
- Eine Hilfestellung mehr ist der beste Service und mehr wert als jede teure Reklame!

Tip für:	o Texter	o Vertreter aller
	o Werbeleiter	Branchen
	o Gastronomie	

52 Wer direkt fragt, bekommt eine direkte Antwort

Über die Bedeutung und Nutzanwendung einer guten Fragetechnik ist schon viel geschrieben und gesprochen worden. Dennoch wird sie oft falsch angewandt und verliert dadurch an Effektivität. Die Frage: „Wünschen Sie noch etwas?" kann eigentlich nur mit Ja oder Nein beantwortet werden. Aber der Ober, der das leere Glas vom Tisch nimmt und, mit entsprechendem Augenkontakt, den Gast fragt: „Noch ein Bier, diesmal vielleicht ein Pils? oder lieber nochmals ein Export?" wird bestimmt kein Nein hören, sondern eine definitive Zusage.

Ein tüchtiger Ober, den ich einmal kannte, erzielte gute Tagesumsätze durch seine nette, geschickte Art der Fragestellung.

Während er beispielsweise die Krümel vom Tisch fegte, meinte er zum Gast: „Und wie wäre es jetzt mit einem Nachtisch?"

Methode:
- Anwendung einer geschickten Fragetechnik
- Kundenorientiertes Denken
- Alternativ-Methode

Ratschläge und Regeln:
- Wer gut fragt, bekommt eine gute Antwort.
- Verwenden Sie die Alternativ-Methode: Möchten Sie dies ... oder das ...?
- Setzen Sie bei der Fragestellung Mimik und Gestik ein.
- Erkundigen Sie sich lieber einmal zu viel als einmal zu wenig nach weiteren Wünschen des Gastes/Kunden. Es erhöht nicht nur den Umsatz, sondern vermittelt den Eindruck besonderer Service-Bereitschaft.

Tip für:	○ Einzelhändler	○ alle Branchen
	○ Versicherungs-	○ Vertreter
	makler	

53 Gute Verkäufer verstehen es, Nutzen zu bieten

Nicht selten ist der wirklich gute Verkäufer gleichzeitig der Problemlöser für seine Kunden. Ein wichtiges Feld ist die Gewinn-Maximierung, Kostenersparnis und Rationalisierung. Wer lieber einmal auf den großen Auftrag im Moment verzichtet, aber dafür den echten Bedarf seiner Kunden vordergründig betrachtet, wird letzten Endes im Geschäft bleiben und Dauerkunden gewinnen. Nur brauchen Sie manchmal dafür eine tüchtige Portion Geduld!
Ein älterer Versicherungsvertreter einer namhaften Gesellschaft verkaufte mir vor vielen Jahren eine relativ kleine Hausratsversicherung mit einer niedrigen Jahresprämie. Dies hinderte ihn jedoch nicht, uns oft (übrigens immer als willkommener Gast) zu besuchen. Im Laufe der folgenden Jahre gelang es ihm, uns nach und nach weitere Versicherungen für die ganze Familie zu „verkaufen". Seine nette und bescheidene Art veranlaßte mich dazu, ihm auch eine ganze Anzahl von Namen meiner Bekannten zu geben, die sich eventuell für Versicherungen interessierten. Ich konnte diesen Herrn wirklich empfehlen, weil er niemals mit „Hochdruck" arbeitete, sondern dem Kunden echten Nutzen bieten wollte.

Methode:
- „Klein" anfangen
- Echte Kundenbetreuung mit regelmäßigem Dauerkontakt
- Aufbringen entsprechender Geduld

Ratschläge und Regeln:
- Seien Sie bereit, klein anzufangen, denken Sie an den Nutzen, den Sie Ihrem Kunden bieten können, und nicht nur an Ihre Provision.
- Ein zunächst kleineres Geschäft, jedoch gepaart mit einer optimalen Betreuung des Kunden, führt oft zu größeren und lukrativeren Abschlüssen.
- Zufriedene Kunden werden Sie gern weiterempfehlen und sich für Sie persönlich engagieren.
- Denken Sie daran: Aus kleinen können große Kunden werden. Haben Sie Geduld, darauf zu warten!

Tip für:	o **Verkäufer**	o **Verkaufsförderer**
	o **Außendienstler**	

54 Gesprächsanbahnung bei einer Tasse Kaffee

Ein Außendienstmitarbeiter berichtete mir, daß er jede Gelegenheit nutzt, einen Verkauf zu tätigen. Selbst wenn er zum Beispiel irgendwo eine Tasse Kaffee bestellt, schenkt er der Wirtin (oder der Bedienung) eines seiner Produkte zum Ausprobieren. Der Überraschungseffekt führt dann oft schnell zum Handeln, d. h. zum sofortigen Ausprobieren und damit zum ersten Auftrag. Dieser Herr verkauft übrigens Putztücher für Küche und Haushalt.

Methode:
- Gesprächsanbahnung mittels Präsentüberreichung
- Schnelles Kennenlernen-Lassen durch Probieren

Ratschläge und Regeln:
- Seien Sie immer und überall bereit, zu verkaufen.
- Ausprobieren-Lassen führt zum Erfolg.
- Nutze die Gelegenheit – sonst tun es andere!

ES GIBT TAGE, AN DENEN MAN
BESSER VERKAUFT ALS AN ANDEREN.
VERKÄUFER MIT SCHWUNG NUTZEN
DESHALB IMMER DIE „GRÜNE WELLE"
AUS.

55   Herr de Haas bleibt in Erinnerung

Anläßlich einer Verkaufstrainingswoche, die ich für den Wirt-
schaftsverband der Handelsvertreter diesmal in Hannover durch-
führte (CDH-Verband), sagte mir ein Teilnehmer, der bei einer
technischen Handelsvertretung arbeitet, daß sein Chef Herr de
Haas bei vielen Kunden in besonderer Erinnerung bleibt. Ich fragte: „... und wie geschieht dies?"
Nun: Herr de Haas hat seinen Kunden einen niedlichen Gummi-
Hasen mit Schlappohren geschenkt. Viele Kunden fanden dieses
Häschen entzückend, und es ziert noch heute einige Schreibtische.
Der kleine Hase ist eine gute Verbindung zum Namen „de Haas",
welcher übrigens aus dem Holländischen stammt. Man muß eben
die richtige Idee haben, um in Erinnerung zu bleiben. Natürlich
heißt nicht jeder de Haas! Aber vielleicht entdecken auch Sie eine
Ideenkombination für Ihren Namen.

Methode:
- Erinnerungsgeschenke verteilen

Ratschläge und Regeln:
- Versuchen Sie, beim Kunden in positiver Erinnerung zu
  bleiben.
- Jeder sollte versuchen, für sich spezifische Merkmale zu
  erarbeiten.
- Viele Verkäufer tragen aus diesem Grund eine Fliege, einen Schnurrbart, besondere Kleidung etc.
- Überlegen Sie sich, welches persönliche Image Sie aufbau-
  en können, um sich von anderen zu unterscheiden.

56 Der Kunde schenkte mir aus Dankbarkeit einen Spaten

Anläßlich eines Seminars erzählte mir jemand folgende Geschichte:

„Abends um 20 Uhr rief ein wichtiger Kunde an. Dieser technische Großhändler sagte am Telefon: ,Sehr geehrter Herr Sowieso, ich brauche ganz dringend eine Dose ABC für einen meiner wichtigsten Kunden hier, der eine eilige Reparatur auszuführen hat.' Ich hatte meine gesamte Tour zwar schon für die Woche geplant, und dieser Anruf kam mir wirklich äußerst ungelegen! Ich überlegte mir, welche Ausrede ich vorbringen könnte, denn dieser zusätzliche Besuch würde mich viel Zeit kosten. Dennoch entschloß ich mich dann spontan, diesem Kunden zu helfen, und fuhr gleich am nächsten Tage zu ihm, überreichte ihm das Gewünschte, ließ ihn aber schon merken, daß ich sehr in Eile war. Er packte mich am Arm und meinte: ,Sie wissen gar nicht, wie dankbar ich Ihnen bin, daß Sie sich die Mühe gemacht haben, extra hierher zu kommen. Wählen Sie sich doch bitte irgend etwas aus meinem Sortiment aus, damit ich Ihnen damit meinen Dank beweisen kann. Wie wäre es zum Beispiel mit diesem Spaten hier ...?'
Einen neuen Spaten konnte ich gerade gut für meine Gartenarbeit gebrauchen und freute mich sehr darüber. Der Kunde freut sich jedesmal, wenn wir uns wiedersehen, und ich bin durch dieses Vorkommnis gut bei ihm im Geschäft."

Methode:
- Kundengewinnung
- Kundenwünsche erfüllen
- Dem Kunden bei der Lösung seiner Probleme helfen

Ratschläge und Regeln:
- Kleine Gefälligkeiten, auch wenn Sie für uns mühevoll sind und Kosten oder Zeitaufwand mit sich bringen, zahlen sich meistens aus.
- Versetzen Sie sich in einem solchen Falle in die Lage des anderen. Die Erfüllung seines Wunsches wird Ihnen dann leichter fallen.

Tip für:	○ Einzelhändler	○ Finanzmakler
	○ Fachhändler	○ Verkäufer
	○ Versicherungen	○ Außendienstler
	○ Immobilienmakler	○ Verkaufsleiter

57 Stellen Sie die Zahlen auf den Kopf

Einer meiner Bekannten arbeitet erfolgreich, indem er Zahlen „auf den Kopf stellt". Wie oft muß man mit einem Gesprächspartner an einem Tisch, sich gegenübersitzend, verhandeln! Das visuelle Verkaufen, das Arbeiten mit Block und Bleistift gewinnt an Bedeutung. Bei einer vis-à-vis-Sitzstellung ist es aber oft schwierig, dem Partner die entsprechenden Aufzeichnungen gut lesbar zu zeigen. Mein Bekannter hat mit sehr viel Erfolg gelernt, die Zahlen von 1 bis 9 auf dem Kopf stehend zu schreiben, so daß er während des Gesprächs mit dem Kunden mühelos Aufzeichnungen, Berechnungen, Zahlenvergleiche usw. erstellen kann, die dieser dann gleichzeitig zum gesprochenen Wort visuell in sich aufnehmen kann. Diese Fähigkeit weckt zudem bei dem Kunden auch noch eine gewisse Neugierde, ja mitunter sogar Bewunderung. Außerdem schätzt er es, daß sich jemand einer solchen Mühe unterzieht. Mit dieser kundenorientierten Haltung kann man seinen Standpunkt eindringlich, genauer und gekonnter untermauern und darlegen, ohne erst um den Tisch herumlaufen zu müssen. Diese etwas zeitraubende Übung zu Hause macht sich unterwegs bezahlt.

Methode:
- Präsentationstechnik verbessern
- Zahlen kundengerecht-lesbar schreiben: 123456789 (Mit etwas Geduld und Übung schnell erlernbar)

Ratschläge und Regeln:
- Vielleicht fangen Sie schon heute an, die kopfstehenden Zahlen zu üben?
- Kunden schätzen jede Bemühung um sie sehr.
- Durch diese Methode wecken Sie im übrigen Neugierde und überraschen.
- Mit Block und Bleistift läßt sich nahezu alles besser erklären.

58 Wie man mit Rabatt spielen kann

„Ich hatte früher große Schwierigkeiten", so erzählte mir ein Markenartikel-Reisender aus Süddeutschland, „erhöht Aufträge hereinzuholen, aber durch die Technik der Rabattgewährung gelang es mir dann, größere Erfolge zu erzielen. Ich arbeitete folgende Rabattstaffel aus:

5 Kartons = 2 % Rabatt, 10 Kartons = 5 % Rabatt
15 Kartons = 8 % Rabatt, 20 Kartons = 15 % Rabatt

Am Anfang nannte ich die obige Staffel in der angegebenen Reihenfolge, erzielte jedoch keinen optimalen Erfolg. Ich änderte deshalb meine Taktik und offerierte dem Kunden zuerst die größere Menge mit dem höchsten Rabatt. Wenn der Kunde nicht anbiß, strich ich die Zahl 15 durch und ging dann zur nächsten Zahl über, die unter dieser Rabattzahl lag. Wenn der Kunde noch immer nicht einverstanden war, strich ich wiederum die entsprechende Rabattzahl usw. Der Kunde sah dadurch dann optisch, wie seine Gewinnspanne immer geringer wurde, je kleiner die Einkaufsmenge war. In den meisten Fällen haben dann die Kunden kurz überlegt und sich letzten Endes doch für die höhere Rabattzahl bzw. die größere Bestellmenge entschieden. Diese Technik brachte mir Erfolg."

Methode:
- Rabattgewährungs-Methode
- Kunden seinen Rabatt selbst bestimmen lassen durch die Wahl der Einkaufsmenge

Ratschläge und Regeln:
- Ein guter Verkäufer überprüft ständig seine Verkaufsmethoden.
- Zeigen Sie dem Kunden Mittel und Wege zum größtmöglichen Verdienst auf.
- Wenn der Kunde das Gefühl der freien Entscheidung hat, wird er oft, nicht immer nur aus rein wirtschaftlichen, sondern auch vielleicht aus Prestigegründen, zum größeren Angebot greifen.
- Kluge Verkäufer nutzen Rabattmöglichkeiten immer gezielt und optimal aus.

Tip für:	o Trainer	o Propagandisten
	o Verkaufsleiter	o Außendienstler
	o Verkäufer	

59 Wie schmeckt eigentlich Ihr Bier?

Anläßlich eines Brauerei-Seminars zum Thema Verkaufsgespräche stellte ich den Verkäufern die Frage: „Wie schmeckt eigentlich Ihr Bier im Vergleich zum Bier des Mitbewerbers XYZ?"
Von 15 Verkäufern des Seminars konnte mir nur einer eine klare Antwort geben. Daraus folgerte ich, daß wohl viele Verkäufer mit der Zeit „produktentfremdet" werden und eigentlich gar nicht mehr so genau die Vorzüge und auch eventuell Nachteile ihrer eigenen Produkte kennen, und das ist zweifellos ein dickes Minus für jeden Verkäufer.
Wir haben daraufhin in dem Seminar bewußt mit allen Sinnesorganen das hauseigene Produkt analysiert, probiert und beurteilt, damit die Verkäufer aussagefähige Merkmale kundengerecht nennen können.

Methode:
- Produktkenntnisse besitzen
- Überzeugen durch Produktkenntnis
- Unterschiedsmerkmale nennen

Ratschläge und Regeln:
- Kennen Sie Ihr Produkt wirklich?
- Nehmen Sie einmal Ihre Produkte zur Hand, studieren Sie Etikett, Aufmachung, Firmensymbole, Aussehen, Geruch, Geschmack, Farbe usw.
- Studieren Sie die Garantie-Formulierungen, Versprechungen und sonstige Aussagen über das Produkt.
- Wer sein Produkt wirklich kennt, wird es mit viel mehr Überzeugungskraft verkaufen können.
- Was du in anderen Menschen entzünden willst, muß erst in dir selbst brennen (Carnegie).

60 Humoristische Übertreibungen – der Schlüssel zum Verkaufserfolg

In einer Fernsehsendung wurden einmal „Verkaufskanonen" vorgestellt: Jahrmarktsverkäufer. Sie verkauften vom Aal bis zum Vogelgezwitscher-Pfeifchen so ziemlich alles, was denkbar ist – und mit keinem geringen Umsatzerfolg! Ihr Geheimnis:

- Eine gute Portion Showmanship,
- humoristische Darbietung,
- Kundendirektansprache,
- groteske Übertreibungen,
- Massenbeeinflussung.

Diese doch oft recht einfach wirkenden Menschen machen sich aber eine Menge psychologischer Erkenntnisse zunutze, zum Beispiel den Herdentrieb: Wo einer stehen bleibt, bleiben auch bald weitere stehen. Beginnt einer laut zu lachen, so steckt dies die anderen an. Entschließt sich einer zum Kauf, drängen sich auch die anderen darum, ihm nicht nachzustehen. Vielleicht sind es manchmal gerade die primitiveren und anspruchslosen Übertreibungen, die bewußt überzogenen Formulierungen, die die Lacher gewinnen und als Käufer positiv motivieren. Unsere Welt ist so ernst geworden, vielleicht haben deshalb die „Verkaufskanonen" soviel Erfolg mit ihren Darbietungen.

Methode:
- Showmanship
- Originalität, Humor und Schlagfertigkeit
- Überzeugende Demonstration

Ratschläge und Regeln:
- Beobachten Sie einmal so einen „Jahrmarktschreier", vielleicht lernen Sie etwas von ihm?
- Achten Sie dabei besonders auf seine Mimik und Gestik!
- Auch die Reaktion des Publikums ist es wert, studiert zu werden.
- Hier werden oft Dinge lediglich deshalb verkauft – obwohl sie im Grund gar nicht benötigt werden – weil der Verkäufer es versteht, den Kunden in einen „Kaufrausch" zu versetzen.

61 Neue Wege bringen neuen Umsatz – Tourenplanung

„Kurz vor 11.30 Uhr", so berichtete einmal ein Seminarist, „war ich mit der Wörishofener Tour fertig. Auf der Weiterfahrt nach Kaufbeuren überlegte ich dies und jenes Geschäftliche. Da sah ich ein Schild: Nach Stockheim. Mir kam die Idee, heute doch einmal einen anderen, für mich neuen Weg zu fahren. Ich tat es und entdeckte plötzlich ein neues SPAR-Geschäft im Ort. Ich ging hinein und stellte fest, daß dieser Laden kaum Bestände an unseren Produkten vorrätig hatte. Ich zeigte dem Chef dieser Filiale unseren neuen Regaleinsatz im Foto, und er wiederum zeigte Interesse. An diesem Tag erhielt ich bereits einen Erstauftrag von insgesamt 1300,– DM. Durch den damaligen neuen Weg habe ich noch jetzt einen guten und permanenten Kunden gewonnen."

Methode:
- Neue Routen fahren
- Neukundenwerbung
- Branchenadressbücher bei Neuerscheinung durchforsten

Ratschläge und Regeln:
- Seien Sie bereit, „neue Wege" zu fahren.
- Neue Routen bringen neue Gelegenheiten und Ideen.
- Der Markt ist ständig im Wandel, und oft werden neue Geschäfte eröffnet, andere ausgebaut und erweitert.

Tip für: o **Verkäufer**   o **Verkaufsleiter**
              o **Außendienstler**

62   Zuerst redet er überhaupt nicht vom Geschäft ...

Hervorragende Verkäufer bestätigen immer wieder in Seminaren, daß sie eigentlich bei ihren Top-Kunden oft erstaunlich wenig vom Geschäft sprechen. Durch das gute persönliche Verhältnis, das durch viele Jahre Kontaktarbeit entstanden ist, kennt man sich gegenseitig sehr gut. Der Kunde freut sich auf einen Plausch und bespricht seine Probleme fast wie ein Freund mit einem Freund. Zum Schluß wird dann, beiläufig fast, kurz das Geschäftliche angesprochen in dem Sinn etwa: „Oh, das hätten wir ja beinahe vergessen ..." Dieser gute Kontakt mit dem Kunden spielt wirklich eine sehr bedeutende Rolle im Verkauf, die oft leider von den Lieferantenfirmen unterschätzt wird. Sie glauben, daß der Verkäufer nur Erfolg durch Produktwerbung erzielt. Aber hier irren sie. Der Kontakt spielt eine nicht zu unterschätzende Rolle!

Methode:
- Ständige Kontaktpflege
- Richtige Verkaufsstrategie
- In der Kundenkartei Interessen und Vorlieben vermerken

Ratschläge und Regeln:
- Haben Sie schon einmal analysiert, wie es um den persönlichen Kontakt zu Ihren Kunden bestellt ist?
- Versuchen Sie immer, einen intensiven persönlichen Kontakt aufzubauen, und das Geschäft wird besonders gut laufen.
- Vermeiden Sie es aber, allzulange Zeit bei Ihren Lieblingskunden zu verbringen, sonst vernachlässigen Sie vielleicht dadurch die so dringend notwendige Neukundenwerbung.
- Versuchen Sie, den Geburtstag wichtiger Kunden zu erfahren, und überraschen Sie sie mit einer Aufmerksamkeit oder wenigstens einem Glückwunsch.

63   Mittagsstund' hat Gold im Mund

Ein technischer Verkäufer erzählte mir, daß er bei wichtigen Kunden immer versucht, über die Mittagszeit dorthin zu kommen. Da sind nämlich viele Mitarbeiter beim Essen, und er hat somit die Möglichkeit, einen Blick auf den Betrieb zu werfen, um Vorinformationen zu sammeln. Er kann dann schneller herausfinden, welche Produkte fehlen, welche Mitbewerber-Produkte eingeschleust wurden und allgemeine Fakten für sein anschließendes Verkaufsgespräch sammeln.

Nach einer halben Stunde ist es dann meistens so weit, daß der kompetente Mann zur Verfügung steht, gesättigt und besserer Laune als vor dem Mittagsmahl, und der Verkäufer kann sich fachmännisch und gut orientiert mit ihm unterhalten.

Methode:
- Mittagszeit ausnutzen
- Richtige Zeitnutzung
- Gute Vorbereitung auf das Verkaufsgespräch

Ratschläge und Regeln:
- Nutzen Sie die Mittagszeit nicht nur zum Weiterfahren, sondern auch zum Sammeln wichtiger Vorinformationen beim Kunden.
- Mittags – während der Arbeitspause – kann man sich mitunter auch persönlicher mit verschiedenen Mitarbeitern des Kundenunternehmens unterhalten und so vielleicht wichtige Informationen erhalten.
- Während der Mittagspause haben Sie oft mehr Bewegungsfreiheit im jeweiligen Betrieb.

64   Lassen Sie den Preis nie in der Luft hängen

Vor Preisgesprächen fürchten sich bekannterweise viele Verkäufer! Ein gutes Produktangebot oder eine -vorführung kann dann letzten Endes – eben beim Preisgespräch – scheitern. Die Preisnennung ist oft eine Wendepunkt im Verkaufsgespräch, denn hier entscheidet es sich schließlich, ob der Kunde seinen Kaufwunsch realisieren wird. Gute Verkäufer kennen deshalb die Wichtigkeit, erst die Vorteile zu nennen, auch dann, wenn der Kunde gleich am Anfang den Preis wissen will.

Anläßlich eines Seminars sagte ein Teilnehmer: „Lassen Sie nie den Preis in der Luft hängen." Im ersten Moment war ich über diese Äußerung verblüfft und bat deshalb um ein Beispiel zur Verdeutlichung. „Sagen Sie nicht: ‚Dieses Produkt kostet DM …!' ohne einen weiteren Kommentar. Sagen Sie z. B.: ‚Es kostet DM …, es wird immer wieder gern gekauft, weil es so praktisch ist.' Oder: ‚Diese Tasche kostet DM 120,–, aber achten Sie nur einmal auf diese exzellente Verarbeitung …' ‚Der Wagen kostet DM 29 500, aber Sie haben auch eine kostenfreie Wartung und Garantie für 6 Monate.' Wenn Sie nur den Preis nennen und danach eine Pause einlegen, fühlt sich der Kunde geradezu dazu verpflichtet, irgend etwas preisbezügliches zu sagen. Meistens bemängelt er dann natürlich die Höhe! Und dieser Einwand verhindert dann häufig den positiven Ausgang der Kaufverhandlung."

Methode:
- Preis spät nennen
- Preis nie alleine nennen

Ratschläge und Regeln:
- Nennen und demonstrieren Sie stets zuerst die Vorzüge des Angebots, bevor Sie den Preis nennen.
- Verwenden Sie z. B. die Formulierung: „Gestatten Sie mir, Ihnen zuerst die Vorteile des Produktes zu nennen …"
- Wer den Preis zu früh oder ohne weiteren Zusatz nennt, gefährdet den Abschluß.

65   Ich würde keine große Menge nehmen!

Wie oft hört man einen Einkäufer sagen: „Ihr wollt doch nur verkaufen!" Oder sie denken es zumindest!
Der Kunde darf nie das Gefühl haben, daß er unbedingt kaufen muß! Der überrumpelte Kunde wird stets ein unzufriedener sein, und damit kein Freund Ihres Hauses. Kundenvertrauen und Glaubwürdigkeit sind aber die wichtigsten Bausteine für gute und vor allem langfristige Geschäftsbeziehungen.
Die große Kunst des Verkaufens liegt sicherlich darin, dem Kunden das Gefühl zu geben, daß er sich selber zu dem Kauf entschlossen hat, ohne jeden Zwang.
Ein Top-Verkäufer der Markenartikelindustrie sagte mir anläßlich einer Zusammenarbeit im Außendienst einmal: „Geben Sie dem Kunden das Gefühl, daß Sie in seinem Boot sitzen!"
Wir sollten so oft wie möglich versuchen, wegzukommen von der Mentalität: „Darf es etwas mehr sein?" Nein, versuchen Sie es anders herum, und sagen Sie lieber: „Ich würde keine große Menge nehmen ..." Und nennen Sie dann ganz konkret Ihren Mengenvorschlag. Etwas weniger auf dem Auftragsblock ist besser als gar nichts. Dies gilt natürlich nur für den Fall, daß Sie bemerken, daß der Kunde eine gewisse Abneigung für den Kauf zeigt.

Methode:
● Formulierungskunst
● Argumentation vom Kundenstandpunkt aus

Ratschläge und Regeln:
● Lassen Sie dem Kunden das Gefühl, er habe selbst entschieden.
● Hochdruckverkäufer sind nicht gern beim Kunden gesehen.
● Lassen Sie den Kunden merken, daß Sie „in seinem Boot sitzen", d. h., daß Sie sich durchaus in seine Lage versetzen können.
● Verwenden Sie die Formulierung: Ich würde keine große Menge nehmen ...

Tip für: ○ **Verkäufer**   ○ **Fachhandel**
○ **Außendienstler**   ○ **Texter**
○ **Einzelhändler**

66 Gute Qualität – das sagt jeder!

In Verkaufstrainingsseminaren erarbeiten wir Produktvorteile
und Kundennutzen. Meistens wird zuallererst „gute Qualität" genannt. Manche wagen sogar, von „hervorragender" Qualität zu
sprechen. (Äußerst gefährlich, denn Superlative reizen gern zum
Widerspruch!)
Nun, gute Qualität sagt heute doch jeder. Übrigens ist dies ohnehin für jeden Kunden eine Selbstverständlichkeit. Die Frage ist
nur, sind Selbstverständlichkeiten selbstverständlich?
Es lohnt sich, über die zu verkaufenden Produkte nachzudenken,
um die spezifischen Merkmale herauszufinden, die das eigene von
den anderen Produkten unterscheidet. Es lohnt sich aber auch,
auf stereotype Redewendungen zu verzichten.

Methode:
● Keine Superlative verwenden
● Spezifische Merkmale kennen und nennen
● Richtige Formulierung

Ratschläge und Regeln:
● Statt „gute Qualität" zu sagen, lieber konkrete Aussagen
über tatsächlich vorhandene und belegbare, d. h. sofort de-
monstrierbare Vorteile machen.
● Vermeiden Sie Superlative, wie z. B. „Klasse-Angebot",
„Super-Spitze", „einmalige Spitzenqualität" usw.
● Bedenken Sie, daß jeder Kunde ohnehin nur gute Qualität
erwartet, die Erwähnung dieses Attributs also kein besonders gutes Verkaufsargument darstellt.

67 Die Schokoladenraspel ist für einen anderen Kunden bestimmt!

Anläßlich eines firmeninternen Seminars für ein Großhandelsunternehmen des Bäckereihandwerks erzählte der Außendienstleiter: Ich besuchte vor vielen Jahren einmal einen Konditormeister. Ich hatte vor, ihm eine Schokoladenraspel zu verkaufen und überlegte, wie ich am klügsten vorgehen wollte. Es handelte sich um einen besonders skeptischen und schwierigen Kunden, der selten zufriedenzustellen war. Ich traf ihn in seinem Büro. Er wühlte in seinen Unterlagen, während er mir Platz anbot. Ich legte die verpackte Schokoladenraspel auf den Schreibtisch. Dann führte ich das Verkaufsgespräch in gewohnter Weise, überreichte Prospekte und gab die nötigen Erklärungen dazu. Während des Gesprächs bemerkte ich, daß der Konditor immer wieder neugierig nach dem Paket blickte. Es dauerte auch nicht lange, bis er fragte: „Was haben Sie denn in diesem Paket?" Ich winkte nonchalant ab und meinte, das sei eine Bestellung eines anderen Kunden, und sprach dann weiter über andere Dinge. Aber das Paket ließ ihm offensichtlich keine Ruhe. Auf seine schließlich nicht länger zurückzuhaltende Frage, was der Kunde denn da bestellt habe, sagte ich – möglichst kühl: „Eine neuentwickelte Schokoladenraspel – sehr praktisch übrigens …" Und obwohl ich noch andeutete, für ihn käme dieses Gerät aber kaum in Frage, bestand er darauf, es sich wenigstens einmal ansehen zu dürfen. Ich packte es aus, und spontan meinte er: „Das könnte ich doch aber auch sehr gut gebrauchen, meinen Sie nicht?" Der Gipfel war, daß er mich beinahe inständig bat, ihm doch diese Raspel gleich dazulassen. Als ich mich dann „entschloß", ihm diese Raspel sofort zu überlassen, war er sehr erfreut über diesen „Dienst"!

Methode:
- Neugierde wecken
- Nonchalance zeigen

Ratschläge und Regeln:
- Oft sind die Kunden neugieriger als wir glauben!
- Gesprächs- und Handelspartner wollen immer gern wissen, was die anderen machen und haben, was die anderen wollen.

Tip für: ○ **Verkäufer**   ○ **Außendienstler**

68 Zeit hat man nicht, die muß man sich nehmen!

„Ich habe keine Zeit!" Das ist doch ein wirklich oft gehörter Satz. Mitunter wird er als Ausrede benutzt, als Mittel, um den Verkäufer abzuwimmeln. Auch im privaten Bereich wird dieser Ausspruch allzu häufig angewandt, als Entschuldigung für nicht erledigte, oder besser ausgedrückt, nicht gewollte Erledigung irgendeiner übernommenen Aufgabe oder Arbeit. Jeder hat die gleiche Zeit zur Verfügung, der Tag hat für jeden 24 Stunden. Allerdings ist die Nutzung dieser Zeit von Mensch zu Mensch sehr unterschiedlich. Es gibt durchaus Menschen, wenn auch in äußerst geringer Zahl, die Zeit haben.

Ergründen Sie deshalb, wenn Ihnen ein Kontrahent diesen Satz entgegenschleudert, ob diese Aussage echt oder unecht, glaubwürdig oder unglaubwürdig, objektiv oder subjektiv ist. Das Ergebnis ist wichtig für Sie, denn nur dann werden Sie Ihre Argumente und Ihr Verkaufsgespräch klug formulieren. Auf diese kleine Analyse wird viel zu selten im täglichen Leben eines Verkäufers geachtet.

Methode:
- Vorwände erkennen
- Anreiz bieten, sich Zeit zu nehmen

Ratschläge und Regeln:
- „Keine Zeit" ist zum Modewort geworden.
- Versuchen Sie festzustellen, ob der Gesprächspartner wirklich keine Zeit hat, oder ob es nur eine Ausrede ist.
- Wenn Sie erkennen, daß es nur ein Abwimmel-Manöver ist, sollten Sie visuelle Hilfsmittel einsetzen, um dadurch Neugierde und Interesse zu wecken und sich im übrigen selbstverständlich möglichst kurz fassen.

69 Nennen Sie fünf Gründe, warum Kunden gerade von Ihrer Firma kaufen sollen!

Verdutzt schauen die Seminarteilnehmer oft das vorgedruckte Formular an, auf dem eine Hand mit ihren fünf Fingern ausgestreckt gezeichnet ist. Danach fordere ich sie auf, mir fünf Gründe zu nennen, warum ihr Kunde gerade bei ihrer Firma kaufen soll! Manche Seminaristen bekommen mit Mühe und Not drei Gründe zusammen!

Meistens kennen diese Verkäufer ihre eigenen Produkte nämlich gar nicht genügend, um auf Anhieb fünf Vorteile nennen zu können. Entwickeln Sie bei der nächsten Vertretertagung fünf Gründe, die für die Entscheidung zugunsten Ihrer Produkte sprechen. Es ist doch das tägliche Brot Ihrer Vertreter!

Methode:
- Richtige Verkaufstechnik
- Kurze Telegramm-Formulierungen
- Fünf absolute Vorteile nennen können

Ratschläge und Regeln:
- Stellen Sie sich als erstes einmal selbst die oben genannte Frage, und prüfen Sie, ob Sie sie beantworten können!
- Gesprächspartner hören immer seltener konzentriert zu. Deshalb ist es wichtig, mit gekonnter Mimik und Gestik gezielt zu argumentieren.
- Öffnen Sie eine Hand, und benutzen Sie die einzelnen Finger beim Aufzählen der entsprechenden Vorteile Ihrer Produkte.
- Vermeiden Sie bei dieser Aufzählung langweilige und zu langatmige Formulierungen. Eine knappe Aussage ist hier angezeigt.
- Vermeiden Sie aber bei dieser Aufzählung die Verwendung von Superlativen, wie „Super", „einmalig!" usw. Dies erweckt zu leicht Widerspruch.

70 Rezepte verkaufen Essenzen (Werbetechnik)

Die Firma Döhler International in Darmstadt ist „Botschafter des guten Geschmacks". Sie verkauft u. a. Essenzen und Aromastoffe sowie auch wichtige Bäckerei-Hilfsmittel.

Um praxisnahe, firmeninterne Seminare durchzuführen, begleite ich gern einige Verkäufer im Außendienst. So auch im Falle des anstehenden Seminars für die Firma Döhler. Diese Arbeit mußte ich sehr früh beginnen, denn die Bäcker gehören bekanntlich nicht zu den Langschläfern. Aber dieser „Frühstart" wurde dadurch belohnt, daß die Zusammenarbeit besonders interessant war.

Beeindruckt war ich z. B. von der hohen Qualität der gedruckten Prospekte und Vorzeigeblätter. Die Verkäufer sind unter anderem auch mit Rezeptideen für Bäckereien ausgestattet. Daß in diesen Rezeptvorschlägen die zu verkaufenden Artikel der Firma Döhler entsprechende Berücksichtigung finden, braucht wohl nicht erwähnt zu werden. Die ständigen neuen Anregungen kommen bei den Kunden gut an, und nach dem „Ideenverkauf" folgt in den meisten Fällen automatisch der Produktverkauf.

Methode:
- Qualitäts-Werbeprospekte
- Ideenverkauf

Ratschläge und Regeln:
- Liefern Sie Ihren Kunden Ideen für die Lösung ihrer Probleme.
- Wer Ideen verkauft, schafft durch den Neubedarf oder die Anregungen eine Nachfrage für seine Produkte.
- Qualitativ gute Werbemittel wie Prospekte, Vorzeigeblätter, Rezepte oder sonstige Anregungen, die vermittelt werden, können durchaus lohnend sein.
- Lassen Sie Ihren Außendienstler den Kunden nicht mit leeren Händen besuchen.
- Seien Sie wie Döhler-Berater: Botschafter des guten Geschmacks!

Tip für: o Verkäufer   o Aufsteiger
           o Außendienstler

71   Die Kunst, sich selbst und seine Ideen besser zu verkaufen

Eine der wichtigsten Fähigkeiten, die ein Vorwärtsstrebender beherrschen sollte, ist sicherlich die Kunst, „sich selbst und seine Ideen besser zu verkaufen".

Wie und wo lernt man diese Kunst? In der Schule, an der Universität lernt man sicher viel, ebenso natürlich bei der Ausübung seines Berufs. Allerdings wird diese Kunst nirgendwo gelehrt! Ideen zu haben allein genügt nicht! Sie müssen an der richtigen Stelle, dem richtigen Mann, zum richtigen Zeitpunkt angeboten, eben „verkauft" werden. Das tägliche Anliegen eines jeden Menschen sollte darin liegen, sich möglichst überzeugend seinen Mitmenschen zu präsentieren. Das Ringen darum, verstanden zu werden, wird stets ein Kernproblem bleiben.

Methode:
- Richtige Verkaufskunst
- Sich selbst richtig einschätzen und verkaufen
- Das richtige Timing

Ratschläge und Regeln:
- Überlegen Sie einmal, welches Wissen, welches Können ein Mensch besitzen muß, wenn er sich und seine Ideen verkaufen will.
- Nicht umsonst wurden Bücher wie „Wie man Freunde gewinnt" von Dale Carnegie und „Wie man Kunden gewinnt" von Heinz Goldmann zu Bestsellern.
- Der Nutzwert oder Prestigegewinn für den anderen muß beim Verkaufen einer Idee im Vordergrund stehen.

Tip für:	o Verkaufstrainer	o Außendienstler
	o Verkaufsleiter	o Berater
	o Gebietsverkaufsleiter	o Kontakter

72 Können Sie wirkungsvoll präsentieren?

Die Verkaufsszenerie ist ständig im Wandel begriffen!
Immer mehr Entscheidungen werden heute z. B. in Gremien ge-
troffen. Der Verkäufer handelt oft nicht nur mit einem Mann
(Einkäufer) von Angesicht zu Angesicht, sondern er muß seine
Ideen, Produkte und Vorschläge mehreren Personen gleichzeitig
vortragen und anbieten. Es können unter Umständen bis zu 15
Mitarbeiter einer Firma anwesend sein, die zu überzeugen sind!
Wirklich keine leichte Aufgabe. Diese Situation bedarf eines erhöhten Maßes an Können und Überzeugungskraft, moderner Ein-
satzmöglichkeiten und Methoden. Das Arbeiten mit Flipchart und
Tageslicht-Projektor muß gründlich vorbereitet und geübt sein,
um effektvoll und zielsicher „anzukommen". Einige Firmen haben ihre Verkäufer schon dahingehend trainiert, die Kundenprä-
sentation optimal durchzuführen.

Methode:
- Präsentationstechnik
- Gruppenverkauf

Ratschläge und Regeln:
- Verkäufer werden immer mehr vor die Alternative gestellt,
  ihre Präsentation einem größeren Kreis vorzuführen.
- Die Technik der Präsentation, ihre bestmögliche Vorbereitung und die Entwicklung visueller Hilfsmittel muß
  gelernt und geübt werden.
- Lassen Sie die Verkäufer an Seminaren teilnehmen, in
  denen Gruppen-Präsentationstechniken gelernt werden
  können.

73 So verkauft man Mercedes-Benz-Lastwagen

Anläßlich eines RKW-Seminars mit dem Titel „100 Tips für Außendienstmitarbeiter" lernte ich zwei erfolgreiche Mercedes-Benz-Verkäufer kennen. Sie erzählten uns, daß sich auf dem KFZ-Sektor viele Mitbewerber befinden. Ferner sind viele Firmen in keiner Weise daran interessiert, ihren einmal eingerichteten Fuhrpark umzustellen, wenn sie sich schon auf eine Marke festgelegt haben.

„Durch ein Abwimmelungsmanöver seitens des Kunden lassen wir uns niemals entmutigen", sagte der eine Verkäufer. „Alle sechs Wochen stehen wir wieder erneut auf dem Besuchsteppich. Wir bringen eine neue Idee, Informationen, Kundendienst-Hilfsmittel, Serviceleistungen oder was sonst auch immer in unser Gespräch mit ein. Diese Beharrlichkeit hat tatsächlich schon öfter zum Erfolg geführt, auch wenn es vorher durchaus nicht den Anschein hatte. Eines Tages ist es dann möglich, daß der Kunde uns mit den Worten empfängt: ‚Gut, daß Sie kommen! Ich habe mich über die Firma ... kürzlich sehr geärgert. Stellen Sie sich vor, diese Firma hat bei der letzten Inspektion nicht einmal ... Das ist doch wirklich eine Schlamperei, finden Sie nicht?' Nun, es erübrigt sich wohl zu berichten, daß dieser Kunde nun gar nicht mehr abgeneigt ist, den nächsten LKW bei Mercedes zu kaufen."

Methode:
- Beharrlichkeit
- Regelmäßige Kundenbesuche
- Individuell zusammengestelltes Informationsmaterial

Ratschläge und Regeln:
- Wer Kunden beharrlich und regelmäßig besucht und betreut, dient oft nicht umsonst.

74   Der singende Außendienstler

Anläßlich einer Zusammenarbeit im Außendienst erfuhr ich kürzlich von einem Verkäufer, der Konditoreien und Bäckereien besucht, daß dieser Mann seinen Kontakt zu den Kunden vertieft, indem er in Hobby-Clubs eintritt. Er hat sich u. a. einem Bäcker-Sängerclub angeschlossen und erscheint dort alle 14 Tage pünktlich zu den Proben.

Später beim gemütlichen Gläschen Bier erfährt er viele Neuigkeiten aus der Branche. Weiterhin lernt er die Probleme und Wünsche seiner Kunden kennen. Interessante Freundschaften und gute Geschäfte sind dadurch schon entstanden.

Methode:
- Mitgliedschaft in Clubs und Vereinen

Ratschläge und Regeln:
- Versuchen Sie, einen engeren Kontakt zu Ihren Kunden zu bekommen.
- Manchmal läßt sich ein Hobby vorteilhaft mit dem Geschäftlichen verbinden.
- Durch Mitgliedschaft in Clubs und Vereinen ist es Ihnen möglich, die Menschen näher und besser kennenzulernen und Dinge zu erfahren, die für Ihre Verkaufsgespräche von größter Nützlichkeit sein können.
- Es lohnt sich, seine Kunden zu kennen und psychologisch richtig zu taktieren.

75   Lehnen Sie eine Einladung nicht ab!

Vor vielen Jahren war ich mit einem Versicherungsverkäufer unterwegs. Wir besuchten u. a. einen potentiellen Kunden zu Hause. Die gastfreundliche Frau des Kunden fragte uns sofort, ob wir einen Kaffee trinken möchten. Da ich vorher bereits mehrere Tassen zu mir genommen hatte, lehnte ich das Angebot dankend ab. Der Versicherungsverkäufer aber, obgleich er ebenfalls schon etlichen Kaffee getrunken hatte, nahm die Einladung mit einem strahlenden Lächeln an.

Als wir später wieder im Auto saßen, sagte er zu mir: „Wie können Sie eine Einladung zu einer Tasse Kaffee ablehnen? Das war nicht klug von Ihnen!" Ich entgegnete: „Nun, mehr Kaffee zu trinken ist mir nicht möglich!" Seine Reaktion: „Das spielt keine Rolle, freundliche Gesten sollten niemals abgelehnt werden, weil sie einen verbindlichen und verbindenden Charakter haben!"

Diese Rüge – gewiß berechtigt – habe ich mir sehr gut gemerkt! Kürzlich war ich nun mit einem Verkäufer für Bäckereibedarf unterwegs und erfuhr von ihm, daß er sich sehr oft bei seinen Kunden (Bäckereien und Konditoreien) erst einmal hinsetzt und in Ruhe „eine gute Tasse Kaffee" trinkt. Die Kunden schätzen es, wenn sich der Vertreter etwas Zeit für sie nimmt. Nichts wirkt einem Verkaufsgespräch abträglicher als Hetze und Eile. Auch wenn Sie noch so wenig Zeit haben, versuchen Sie, es den Kunden möglichst wenig merken zu lassen.

Methode:
- Akzeptieren Sie Einladungen
- Pflegen Sie den Kundenkontakt

Ratschläge und Regeln:
- Lehnen Sie niemals eine gutgemeinte Einladung ab.
- Bedenken Sie, der Aufwand, ein Täßchen Kaffee zu trinken, ist zeitlich gewiß nicht groß, aber Sie vertiefen dadurch den Kontakt und die Beziehung zum jeweiligen Kunden.

Tip für: o **Textilbranche**

76   Kunden, die in Richtung Wand schauen, kaufen mehr!

Herr Scheuerer, Textil-Handelsvertreter, sagte uns anläßlich eines CDH-Seminars in Deidesheim:

„Wenn Sie im Textileinzelhandel verkaufen, ist es beim Verkaufsgespräch äußerst wichtig, daß der einkaufende Kunde (Firmeninhaber) konzentriert zuhört. Wenn er den Blick in Richtung Tür hat, besteht die große Gefahr, daß er unkonzentriert und leicht nervös zuhört. Er ist ständig „auf dem Sprung", entweder Personalanweisungen zu geben oder Kunden zu bedienen. Natürlich können Sie den Kunden nicht so hinstellen oder hinsetzen, wie Sie es wünschen. Allerdings können Sie sich selbst in eine entsprechende Position begeben, so daß der Kunde automatisch in Ihre Richtung (Wand!) blicken muß, während Sie Ihr Verkaufsgespräch durchführen. Ein Verkaufsgespräch wird oft, gerade in der entscheidenden Phase, durch Dritte unterbrochen. Deshalb muß man versuchen, eine Situation herbeizuführen, in der gewährleistet ist, daß der Kunde sich Ihre Ausführungen bestmöglich konzentriert anhört und sich Ihre Demonstration anschaut."

Methode:
- Auf eine gute Sitz-/Steh-Position des Gesprächspartners achten

Ratschläge und Regeln:
- Eine Statistik stellte kürzlich fest, daß viele Menschen nur ca. 40 Sekunden zuhören und danach leicht abgelenkt werden.
- Schauen Sie Ihr Gegenüber an, wenn Sie mit ihm sprechen; Sie erhöhen damit seine Aufmerksamkeit.
- Wenn seine Konzentration merklich nachläßt, machen Sie eine Pause, oder stellen Sie ihm eine Frage, auf die er antworten muß.
- Erst die optimale Gesprächszone suchen und finden führt dazu, daß der Kunde nur minimal abgelenkt wird.

77 Der Auftakt mit einem Lieblingskunden

Sehr viele junge Verkäufer berichten mir in den Seminaren, daß sie häufig ein Unbehagen am Morgen verspüren, mit den Kundenbesuchen zu beginnen – ein Unbehagen in Form von Schwellenangst. Wenn es bei den ersten beiden Kunden nicht gleich wie gewünscht läuft, sind sie für die kommenden Besuche schon negativ beeinflußt.

Alte Hasen im Verkauf geben deshalb folgenden Tip: Als erstes, wenn irgend möglich, einen „Lieblingskunden" besuchen, der positiv, aufgeschlossen und freundlich ist und bei dem die größte Aussicht besteht, einen erfolgreichen Abschluß zu tätigen. Es kann keinen schöneren Auftakt für einen Verkaufstag geben, als am Anfang ein Erfolgserlebnis zu haben! Und dieses Erfolgserlebnis wiederum ist die beste Eigenmotivation: Man geht mit Schwung und Zuversicht die nächsten Aufgaben beziehungsweise Besuche an – auch die bei schwierigen und „heiklen" Kunden!

Methode:
- Eigenmotivation
- Den Tag mit dem Besuch bei einem „Lieblingskunden" beginnen (aber nicht zu lange bei ihm bleiben)!

Ratschläge und Regeln:
- Motivieren Sie sich selbst, durch den Auftakt mit einem guten Kunden.
- Was Sie morgens nicht geschafft haben, können Sie selten nachmittags nachholen.
- Schaffen Sie sich möglichst früh ein Erfolgserlebnis, es hilft Ihnen dabei, auch spätere Niederlagen gelassen hinzunehmen.

78   Farbstifte optimieren die Verständlichkeit

Ich persönlich bin ein sehr großer Verfechter der Idee, mit visuellen Hilfsmitteln zu verkaufen. Arbeiten Sie auch hier mit Block und Bleistift! Durch das gesprochene Wort kann man mitunter Unklarheiten aufkommen lassen. Man spricht auch häufig aneinander vorbei.

Wenn Sie aber mit Block und Bleistift argumentieren, können Sie sicher sein, daß sich beide Augenpaare auf einen zentralen Punkt richten. Verwenden Sie dabei gute, nicht schmierende Kugelschreiber oder farbige Stifte. Auch die Verwendung von Leuchtstiften ist ratsam. Textstellen, auf die es ankommt, mit diesen Stiften angestrichen, „leuchten" schneller ein, verschiedene Farbunterstreichungen differenzieren die einzelnen Komplexe des schriftlich präsentierten Angebotes, z. B.: Preisfragen rot unterstrichen, Lieferbedingungen grün markiert, besondere Qualitätsmerkmale orange gekennzeichnet usw.

Methode:
- Argumentation mit Hilfe von Papier und Buntstiften (Leuchtstiften)

Ratschläge und Regeln:
- Eine Skizze sagt häufig mehr als viele Worte.
- Die verbale Übermittlung ist nicht so stark wie die meisten glauben, Fachleute schätzen 7%, Stimme und Ton 38% und die non-verbale Kommunikation (Mimik und Gestik) 55%. Die 7% bedürfen also dringend der Unterstützung von Geschriebenem und Gedrucktem!

---

79 Warum beantworten Sie eine Frage immer mit einer Frage?

Es unterhielten sich zwei Außendienstler schon länger über Verkaufstechniken, als der eine plötzlich dem anderen die Frage stellte: „Warum beantworten Sie eine Frage eigentlich immer mit einer Frage?" Daraufhin antwortete der andere: „Warum sollte ich nicht?"

Wer mit einer Frage antwortet, gibt ungern Auskunft!

Methode:
- Auf Frage Gegenfrage stellen
- Frage so stellen, daß der Kunde mit Ja antworten kann

Ratschläge und Regeln:
- Die Fragetechnik ist eine der stärksten Methoden im Verkauf.
- Wer eine Frage mit einer Frage beantwortet, gibt nicht gern eine Auskunft.
- Wer hingegen im Gespräch Fragen stellt, führt das Gespräch.
- Besuchen Sie ein Seminar, in dem die Fragetechnik behandelt und trainiert wird.
- Ein Rechtsanwalt stellte dem Angeklagten vor Gericht folgende Frage: „Bitte beantworten Sie meine Frage nur mit Ja oder Nein. Schlagen Sie Ihre Frau jeden Tag in der Woche?" Antwort: Nein! Der Anwalt notierte entsprechend.

Tip für:	o Modehäuser	o Werbeverkauf
	o DOB-Außen-	o Textilhandel
	dienstler	o Aussteller

80 Lassen Sie die Kollektion im Rücken

Ein Verkaufsleiter der Damenkonfektions-Branche berichtete mir von einer Demonstrationsmethode, die sich äußerst günstig auswirkte.

Bei Verkaufsdemonstrationen im Hause, bei denen die gesamte Kollektion vorgestellt wird, wird der Kunde eingeladen, sich in einen Sessel zu setzen, der mit der Rückenlehne der bereitgestellten Kollektion zugewandt steht. Vor ihm ist eine Hängevorrichtung angebracht, auf der jeweils nur ein Stück der Kollektion aufgehängt und erläutert wird. Auf diese Weise kann sich der Kunde hundertprozentig auf das jeweils präsentierte Kleidungsstück konzentrieren und wird nicht durch die Vielzahl der übrigen abgelenkt.

Methode:
- Vermeidung von Ablenkungsfaktoren
- Kunde muß entspannt sein

Ratschläge und Regeln:
- Erleichtern Sie Ihren Kunden bei der Präsentation das Zuhören und Anschauen.
- Versuchen Sie immer, die Einzelteile der Kollektion/des Sortiments in irgendeiner Weise hervorzuheben.
- Lassen Sie den Kunden sich völlig entspannen und wohlfühlen.
- Wer zu viel, und vor allem alles auf einmal anbietet, läuft Gefahr, den Kunden zu verwirren.

81 Kunden hören heute immer weniger zu!

Anläßlich eines Seminars erzählte ein Teilnehmer:
Ich bin Druckerei-Verkäufer und besuche Kunden des Industrie-, Handels- und Dienstleistungssektors. Einmal besuchte ich einen bekannten Börsenhändler in Frankfurt. Dieser tüchtige und angesehene Börsenhändler verfügte über vier Telefonapparate, die rings um ihn herum auf dem Schreibtisch standen. Er bat mich, Platz zu nehmen. Kaum hatte er einen Satz beendet oder angefangen, klingelte eines der Telefone. Zwischendurch schaute er mich an, und mit einer Handbewegung meinte er: „Reden Sie ruhig weiter!" Kaum hatte ich einige Worte gesagt, klingelte ein anderes Telefon erneut, so daß ich fortwährend in meinem Gesprächskonzept unterbrochen wurde. Ich merkte, daß man unter diesem Stress und dieser Hektik nicht verkaufen kann. Unter solchen Bedingungen verkaufen zu müssen, bedeutet, so gut wie nie oder nur in Ausnahmefällen zu einem Abschluß zu kommen. Ich verließ daher stillschweigend, während er gerade wieder mit einem Telefonpartner diskutierte, den Raum und bat die Sekretärin im Nebenraum, ob ich vielleicht von einem ihrer Apparate ein Gespräch führen könnte. Ich rief den Börsenmakler an!!! Ich sagte: „Hier bin ich wieder, ich bin der Vertreter der Druckerei XY ..., ich bin im Nebenzimmer und glaube, daß ich mit Ihnen die Angelegenheit am besten telefonisch erledigen kann. Sind Sie damit einverstanden?"
Man hörte förmlich das Schmunzeln, als er sagte: „Aber nein, kommen Sie wieder zu mir herein, ich nehme mir jetzt die nötige Zeit!" Er war anschließend wirklich ein guter Zuhörer!

Methode:
- Sich beim Kunden Gehör verschaffen – auch wenn es einer ungewöhnlichen Taktik bedarf!

Ratschläge und Regeln:
- Lassen Sie sich bei einem Verhandlungsgespräch nicht mit dem Satz trösten: „Reden Sie nur weiter", wenn Sie merken, daß der Zuhörer unaufmerksam oder abgelenkt ist.
- Greifen Sie ruhig einmal zu einem Trick, wenn Sie die Aufmerksamkeit Ihres Gegenübers anders nicht erregen können.

82   Der erste Satz kann der letzte sein

Die Tragweite dieser Aussage ist unermeßlich! Die ersten Worte bei einem Anbahnungsgespräch sind wichtiger als die nächsten Sätze. Einige Beispiele:

Kunde: „Ja, bitte ...“
Verkäufer: „Ich möchte Ihnen etwas verkaufen!“ (Kunde denkt: Kann ich mir schon denken! Was sonst?)
Oder:
Verkäufer: „Haben Sie jetzt Zeit?“
Kunde: „Nein! Kommen Sie später wieder!“ (Wer hat schon Zeit?)
Oder:
Verkäufer: „Störe ich Sie jetzt?“
Kunde: „Aber sicher doch! Ich habe, wie Sie sehen, im Moment sehr viel zu tun!“ (Wer so dumm fragt, muß mit einer dummen Antwort rechnen)
Oder:
Verkäufer: „Wir haben hervorragende Preise!“
Kunde: „Na, das würde mich interessieren ...“ (Aber wehe, wenn sie nicht wirklich so hervorragend sind!)
Oder:
Verkäufer: „Unsere Qualität ist einmalig und unübertroffen ...“
Kunde: „Gute Qualität ist für mich eine Selbstverständlichkeit ...“

Verkäufer im Außendienst haben das Problem, daß sie oft den Kunden stören, ungelegen kommen und vertröstet werden. Darum ist es in diesem Beruf ganz besonders wichtig, sich bereits mit dem ersten Satz den bestmöglichen Einstieg in das Gespräch zu verschaffen.

Methode:
● Eine durchdachte Gesprächseröffnung

Ratschläge und Regeln:
● Überlegen Sie sich Ihren Einstiegssatz ganz besonders gut.
● Sorgen Sie dafür, daß nicht der erste Satz zugleich der letzte bei diesem Kunden ist.
● Die ersten fünf Worte sind wichtiger als die nächsten 100!

83 Benötigen Sie eine Tragetasche?

Viele Verkäufer scheitern in der Abschlußphase. Direkte Fragen wie: „Kaufen Sie dieses ...?" sind gefährlich! Ein Verkaufsprozeß verläuft in Stufen. Ein guter Verkäufer nimmt seinen Kunden „an die Hand" und leitet ihn schrittweise zum Abschluß. Die Kunden wollen häufig sogar, daß ihnen in der Entscheidungsphase geholfen wird, und hier sollte es der Verkäufer dem Kunden erleichtern, den richtigen Entschluß zu finden. Nehmen Sie beispielsweise die Ware in die Hand, halten Sie sie etwas hoch, schauen Sie den Kunden freundlich an und stellen Sie die Frage: „Benötigen Sie eine Tragetasche?"
Freundlichkeit, charmante „Frechheit" und die „So-tun-als-ob"-Methode verhelfen so dem Kunden manchmal zu einer rascheren Kaufentscheidung.

Methode:
- Abschlußformulierungen kennen und richtig anwenden

Ratschläge und Regeln:
- Wenden Sie als Entscheidungshilfe für den Kunden die „So-tun-als-ob"-Methode an (siehe Tip 26).
- Fragen Sie nicht nur, ob der Kunde zu kaufen wünscht, zeigen Sie ihm bei Unschlüssigkeit die Verpackungsmöglichkeit und verwenden Sie dabei die Frage: Benötigen Sie eine Tragetasche?
- Mit der Kontrollfrage (Tip 118) können Sie feststellen, wie nahe der Kunde der Kaufentscheidung gekommen ist.

84　Die versteckte Dose weckt Aufmerksamkeit

Ich bereitete für eine Gewürzfirma einige Seminare vor. Deshalb besuchte ich zusammen mit einem Verkäufer mehrere Metzgereien in Deutschland. Ich erkannte immer wieder, daß es für den Verkäufer nicht einfach ist, an handwerkliche Berufe zu verkaufen, z. B. an Metzgereien, Bäckereien, Kfz-Betriebe usw. Dies ist wohl schon dadurch bedingt, daß diese Branchen sehr unter Zeitdruck stehen und mit der Bewältigung ihrer täglichen Arbeit ohnehin schon Schwierigkeiten haben. Ein Vertreterbesuch ist deshalb fast nie willkommen, und selten reicht die Zeit zu einem ausführlichen Gespräch. Diese Gespräche werden häufig zwischen Tür und Angel, sei es in der Werkstatt, der Backstube, der Wurstküche geführt. Ein Verkäufer muß hier also ausgesprochen klug und strategisch in der Gesprächsanbahnung vorgehen. Verschiedene Methoden können dabei angewandt werden, z. B. das visualisierte Verkaufsgespräch. Der o. g. Verkäufer demonstrierte mir nun, wie er die Aufmerksamkeit bei dem einen oder anderen Kunden weckt: Er kommt herein, ohne Tasche, hält die Hände auf dem Rücken versteckt, in denen er eine Dose mit Gewürzen hält. Während des Gesprächs fragt der Metzger dann oft plötzlich: „Warum halten Sie eigentlich heute die Hände fortwährend auf dem Rücken, halten Sie da etwas versteckt?" Dann zeigt der Verkäufer die Dose, stellt sie auf den Tisch und sofort greift der Kunde danach. Neugierde wecken spielt nun mal eben eine gewisse Rolle im Verkauf!

Methode:
● Neugierde wecken

Ratschläge und Regeln:
● Überlegen Sie sich verschiedene Möglichkeiten, mit denen Sie den Kunden neugierig machen können.
● Regen Sie ihn zu entsprechenden Fragen an!

85   Ehrlich währt am längsten

Kuriose Überraschungen kann erleben, wer in der englischen
Stadt York den Gebrauchtwagenhändler Howard Budgen auf-
sucht. Wenn man nämlich eines der Fahrzeuge genauer betrachtet, sagt Howard möglicherweise mit todernster Miene: „Zu dieser Klapperkiste bekommen Sie ein paar Boxhandschuhe gratis.
Weil Sie nämlich unentwegt mit der Lenkung kämpfen müssen ..." So etwas gibt Howard nicht etwa in einem plötzlichen
Anfall geistiger Umnachtung von sich, sondern auf solche Art
„wirbt" er neuerdings ganz bewußt für seine Fahrzeuge. Denn er
meint: „Die Leute halten uns Gebrauchtwagenhändler für Haie,
denen man nicht trauen darf. Ich will ihnen beweisen, daß sie sich
irren." Dabei übertreibt er allerdings gewaltig. So preist er in seinen Anzeigen einen alten Kleinwagen so an: „Diese Kiste qualmt
derartig, daß – wie bei den Zigaretten – eine Warnung des Ge-
sundheitsministers drauf zu lesen sein müßte." An ein anderes
Auto hat er ein Schild gehängt mit der Aufschrift: „Haltet England sauber! Laßt dieses Ding in der Garage!" Halb England lacht
über seine ulkigen Sprüche, und seine Umsätze können sich sehen
lassen. „Tja", meint er schmunzelnd, „Ehrlichkeit macht sich
eben doch bezahlt ..."
(Quelle: IWZ-Zeitschrift)

Methodik:
- Ehrlichkeit
- Humor

Regeln und Ratschläge:
- Verwenden Sie in der Werbung Humor.
- Die Wahrheit wird oft nicht geglaubt.
- Versuchen Sie, originelle Wege zu gehen.

86 Bringen Sie den Innen- und Außendienst zusammen

In vielen Firmen ist immer wieder zu beobachten, daß die Zusammenarbeit zwischen dem Innen- und Außendienst nicht optimal verläuft.

Diese Tatsache ist auch aus folgenden Gründen verständlich: Innendienstmitarbeiter neigen eher dazu, verwaltungsorientiert zu denken, wogegen Außendienstmitarbeiter eher dazu neigen, kundenorientiert zu denken. Aus dieser unterschiedlichen Betrachtungsweise gibt es eine Diskrepanz zwischen den beiden Gruppen. Firmen können aber nur optimal arbeiten, wenn Innen- und Außendienst miteinander und nicht etwa gegeneinander arbeiten. Wir haben dieses Problem in vielen Firmen dadurch gelöst, daß wir gemeinsam Seminare mit beiden Gruppen durchgeführt haben. Durch diese Begegnungen konnte jeder die Probleme, Schwierigkeiten, Richtlinien, Arbeitsbelastungen und -überlastungen des anderen erkennen. Auch die Hinzunahme der Versandabteilung hat sich dabei bewährt.

Deshalb bilden heute schon etliche Firmen Arbeitsgemeinschaften mit den Innen- und Außendienstmitarbeitern, die dann gemeinsam die Tagesprobleme analysieren, um deren Erledigung zu verbessern. Nicht umsonst haben auch die „Qualitäts-Zirkel", die in Japan existieren, viele Verbesserungen, neue Ideen und bessere Teamarbeit geschaffen.

Methode:
- Arbeitsgemeinschaften bilden
- Verständnis und Kommunikation verbessern und Zusammenarbeit fördern

Ratschläge und Regeln:
- Die Menschen haben verlernt, miteinander zu sprechen. Deshalb sollten Möglichkeiten für eine bessere Kommunikation geschaffen werden.
- Bilden Sie Arbeitsgemeinschaften mit Mitarbeitern aus möglichst vielen Abteilungen Ihres Hauses; besonders eine Verbindung zwischen Innen- und Außendienst ist für die Absatzbemühungen einer Firma förderlich.
- Lassen Sie es einmal auf einen Versuch ankommen!

87 Anti-Fliegenspray verkauft man schon im Winter

Eines der Hauptprobleme im Verkauf ist heute die Überproduktion in vielen Bereichen. Es gibt immer mehr Lieferanten, die fast gleiche oder zumindest sehr ähnliche Produkte herstellen und anbieten, so daß die Einkaufsorganisationen unter vielen Anbietern wählen können. Der eine Lieferant wird dann gegen den anderen preislich ausgespielt. Durch diese Situation der Überproduktion ist es deshalb wichtig geworden, seine Produkte an den richtigen Stellen, zur richtigen Zeit anzubieten. Hier gilt tatsächlich der Satz: „Wer zuerst kommt, mahlt zuerst." Deshalb versuchen viele Firmen, insbesondere im Markenartikelbereich, ihre Produkte in der antizyklischen Zeit anzubieten. Interessante Angebote und Einkaufskonditionen für Mengenabnahmen, zusammen mit den geeigneten Verkaufsförderungs- und Abverkaufsmitteln, werden dem Handel oft bereits bis zu sechs Monaten vor Produktionseinsatz angeboten. Eine namhafte und sehr erfolgreiche Firma bot ihr Fliegenspray bereits im Winter an!

Methode:
- Verkauf von Artikeln antizyklisch (bis zu sechs Monate vor Beginn der entsprechenden Saison)

Ratschläge und Regeln:
- Fangen Sie mit dem Abverkauf Ihrer Produkte schon möglichst einige Monate vor Saisonbeginn an, um so vor den Mitbewerbern im Rennen zu sein!
- Bieten Sie ein interessantes Aktionspaket mit entsprechenden Verkaufsförderungs-Materialien an.
- Schulen und trainieren Sie Ihren Außendienst in den Techniken der optimalen Präsentation.

88 Können Sie mir helfen?

Vor vielen Jahren hatte ein Gebietsverkaufsleiter mit einem seiner Mitarbeiter das große Problem, daß dieser stets mit der Kundenkartei im Kampf lag. Offen gestanden wurde diese von ihm recht unordentlich und schlampig geführt. Alle Ermahnungen und Bitten halfen jedoch nichts! Eines Tages fragte der Gebietsverkaufsleiter dann aber den Außendienstmitarbeiter: „Bitte, Herr X., können Sie mir helfen? Würden Sie bitte für die nächste Tagung ein Kurzreferat zu dem Thema: ‚Gute Karteiführung und Administration führt zum Verkaufserfolg' ausarbeiten?" Der Verkäufer hatte hierzu einige Wochen Zeit. Bei der nächsten Tagung brachte besagter Verkäufer eine mustergültig eingerichtete Kundenkartei (als Demonstrationsmittel) zu seinem Vortrag mit! Die Tatsache, daß man seine „Hilfe" beanspruchte und erbat, und die daraus resultierende Notwendigkeit, sich mit diesem Themenkomplex intensiv zu beschäftigen, haben dann vollbracht, was monatelange Ermahnungen und ein erhobener Zeigefinger nicht geschafft hatten. Er hatte jetzt plötzlich die Einsicht gewonnen, die er vorher einfach ignorierte.

Methode:
● Bitten Sie um Hilfe und Rat – Menschen helfen nämlich meistens gern, schon weil sie sich dann oftmals dem anderen gegenüber überlegen fühlen (sonst würde man sie ja nicht um Rat fragen)!

Ratschläge und Regeln:
● Vermeiden Sie, wenn irgend möglich, direkte Befehle oder Ermahnungen. Viele Menschen reagieren darauf nämlich allergisch.
● Wer bittet, dem wird meistens geholfen, und nicht selten springt der Helfende dann sogar über seinen eigenen Schatten.
● Fragen Sie jemanden um Rat, und schmeicheln Sie ihm damit!

Tip für:	o **Außendienstler**	o **Verkaufsförderer**
	o **Verkaufsleiter**	

89 Mit interessant gestalteten Visitenkarten erreichen Sie mehr

Bei Seminarveranstaltungen bitte ich oft die Teilnehmer, mir ihre Visitenkarte zu zeigen. Die Ausführungen bezüglich der Größe, Aufmachung, Schriftart, Druck und Text sind bunt und breit gefächert. Eine Visitenkarte verhilft einem zum ersten Kontakt. Manche Visitenkarten sind überladen mit Text, andere unübersichtlich, protzig oder unhandlich. Etliche andere wieder machen einen durchwegs guten Eindruck. Neulich überreichte mir z. B. Herr Hölzgen seine Karte. Diese gibt auf der Vorderseite über den Namen und die Adresse Auskunft. Auf der Innenseite ist eine sehr übersichtliche Zeichnung, die einem den schnellsten Weg zur Firma aufzeigt. Auf der Rückseite steht schließlich sein Lieferprogramm. Die Karte ist im übrigen so „konstruiert", daß sie aufgestellt werden kann.

Methode:
- Gute Visitenkarten

Ratschläge und Regeln:
- Denken Sie daran, daß die Visitenkarte den ersten Kontakt zu vermitteln hat.
- Billige und undurchdachte Visitenkarten beeinträchtigen den Kontakterfolg.
- Lassen Sie sich von einem geschickten Grafiker (einer guten Druckerei) verschiedene Vorschläge unterbreiten.

90   „Vorbehaltlich Muster gut"

Neulich habe ich einen sehr sympathischen und erfolgreichen Weinverkäufer kennengelernt, der eine Weinfachvertretung in Norddeutschland besitzt. Wir haben uns nach einem Seminar abends lange über Verkaufsmethoden und Formulierungen unterhalten, denn er ist besonders erfolgreich auf seinem Gebiet. Seine Kunden sehen ihn gern, denn er hat es verstanden, sich einen guten Namen zu schaffen.

Beim Weinverkauf zögern viele Kunden, neue Sorten im Sortiment aufzunehmen. Dieser Verkäufer hat eine nützliche Methode entwickelt. Er sagt: „Dann schreibe ich für Sie heute 1500 Flaschen auf, vorbehaltlich Muster gut." In den meisten Fällen nikken die Kunden und geben ihre Zustimmung, und er hat wieder einmal eine interessante Menge Wein verkauft.

Methode:
- Erproben Sie Formulierungen wie zum Beispiel „Vorbehaltlich Muster gut"

Ratschläge und Regeln:
- Eine der Hauptaufgaben des Verkäufers ist es, dem Kunden zu einer Kaufentscheidung zu verhelfen. Nur Ware anbieten, ohne zu versuchen einen Abschluß zu tätigen, ist kein Verkaufen.
- Geben Sie dem Kunden die Möglichkeit zu bestellen und gleichzeitig bei Nichtgefallen eine Rücktrittsmöglichkeit.

91   Psychologie ist gut – Faustregeln sind besser

Die Psychologie hat viele neue Erkenntnisse über menschliches Verhalten an den Tag gebracht. Viele Institute im In- und Ausland haben dadurch neue Lernsysteme für Verhaltensänderung und Training entwickelt, basierend auf den neuesten psychologischen Erkenntnissen. Das Angebot ist leider manchmal schon etwas verwirrend! Eine weitere Gefahr ist, daß viele Kursteilnehmer nur Teilbereiche dieser Wissenschaft kennenlernen und daher dann Probleme bei der Umsetzung in die Praxis haben. Sollten wir uns nicht wieder auf Basisregeln im Verkauf besinnen? Sind nicht diese Faustregeln und deren Beherrschung wichtig für den Verkäufer? Hier nun einige Faustregeln, die natürlich auf angewandter Psychologie beruhen:

- Das Produkt kennen
- Die Kundenvorteile kennen und nennen
- Selbstsicheres Auftreten
- Sich klar, deutlich und präzise ausdrücken
- Wichtige Planungssysteme beherrschen
- Tourenplanung beherrschen
- Beobachtungsgabe einsetzen
- Kundenorientiert argumentieren
- Einwand- und Argumentationstechniken beherrschen
- Abschlußtechniken besser beherrschen
- Selbstkontrollanalyse nach dem Verkauf durchführen.

Ferner sollte der Verkäufer immer wieder Seminare besuchen, um sein Basiswissen ständig aufzufrischen, das nämlich durch die tägliche Routine schnell in Vergessenheit gerät. Und natürlich die Selbstmotivation – sie ist für jeden einzelnen wichtig.

Methode:
- Richtiges Verkaufstraining
- Faustregeln kennen und anwenden
- Praxistraining

Ratschläge und Regeln:

- Die wichtigsten Regeln des Verkaufs sollte jeder beherrschen.

- Selbstsicheres Auftreten, Beherrschung der Rhetorik, angepaßte Mimik und Gestik sind wichtig.

- Viele Verhandlungen scheitern, weil die Verkäufer die einfachsten Umgangsregeln nicht beherrschen, mißachten oder übersehen.

- Die Sprache ist das Instrument, das der Verkaufende beherrschen muß. Das bezieht sich ebenso auf die Wortwahl wie auf Tonfall und deutliche Aussprache.

- Viele haben heute im Verkauf den Kontakt zu ihrem Produkt verloren, häufig bedingt durch die allgemeine Zersplitterung der Verkaufsförderungsmaßnahmen (verschiedene Aktionen und manches andere mehr – siehe auch Tip 69).

- Kennen Sie wirklich Ihre Produkte? Können Sie z. B. die Verpackung, die textliche Aussage frei aus dem Kopf aufzeichnen oder hersagen? Siehe auch Tip 59.

- Die Kundentermine in eine rationelle Reihenfolge zu bringen, ist selbstverständlich. Manchmal lohnt sich aber ein Umweg (siehe Tip 61).

- Praktische Beispiele für gute Beobachtungsgabe wurden in den Tips 63 und 41 gegeben.

- Kundenorientierte Argumente finden Sie als Tips 53, 65 und 19.

- Eine Zusammenfassung steht unter Tip 163, aber auch der Rat von Tip 64 ist nicht von schlechten Eltern.

- Eine Möglichkeit ist als Tip 83 beschrieben.

Tip für:	o Verkaufsleiter	o Chefs
	o Verkaufstrainer	o Verkäufer

92 Viele Verkäufer leiden zunehmend an Schwellenangst

In den letzten Jahren beobachte ich die Tendenz, daß viele Verkäufer offen und ehrlich postulieren: Ich leide unter Schwellenangst. Früher war diese Tatsache kein so großes Problem, denn Verkäufer hatten viel mehr kleinere und treuere Kunden. Wie nie zuvor beobachten wir heute aber eine sehr starke und rapide Konzentration im Handel. – Immer weniger Einkäufer entscheiden heute über mehr! Sie kaufen schon für Millionen DM ein, und sie lassen mitunter auch gern den Verkäufer ihre Einkaufsmacht spüren. Diese Entwicklung macht die Verkaufssituation für den Außendienstmitarbeiter gefährlich, denn der Verlust eines Topkunden kann heute schon u. U. 20–30 % seines Umsatzes bedeuten. Früher, mit einer breiteren Palette kleinerer Kunden, war die Basis für den so notwendigen Erfolg größer. Heute ist die Situation eine völlig andere! Deshalb sind Verkäufer auch verunsichert, weil sie an der Verkaufsfront und auch seitens ihrer Firma mehr Druck spüren. Neue Zeiten erfordern neue Einstellungen und Verhaltensweisen. Die Firmen sollten ihren Verkäufern verstärkt helfen, die Schwellenangst zu erkennen und durch Seminartraining zu reduzieren und abzubauen.

Methode:
- Selbstmotivation
- Selbstsicherheitstraining

Ratschläge und Regeln:
- Viele Führungskräfte im Verkauf haben noch nicht genügend erkannt, daß die „Verkäufer-Schwellenangst" ein wachsendes Problem darstellt.
- Immer weniger Einkäufer sind durch die ständig zunehmende Konzentration im Handel bereit, einzukaufen.
- Firmenjahresziele werden immer schwieriger zu erreichen sein, wenn der Außendienst zunehmend an Schwellenangst leidet.
- Zeigen Sie Ihrem Außendienst Verständnis für die neue Situation und helfen Sie ihm durch „on-the-job-Training" sowie durch Seminare, seine Probleme besser zu bewältigen (siehe auch Tip 77).

93 Mangelnde Organisation und Planung sind die Hauptgründe für Verkäuferversagen

„Guten Tag, Herr Ebeling, Sie wollen heute einen Tag mit mir im Außendienst zusammenarbeiten?"

„Ja", erwidere ich.

Beim Einsteigen beobachte ich, wie im Auto alles durcheinander liegt. Prospekte, Karten, Muster und Broschüren liegen in wildem Chaos auf dem Rücksitz. Der Aschenbecher quillt fast über, und die Fußmatte ist bedeckt mit Sand, Asche und Schmutz.

„Nun, Herr Ebeling, wo wollen Sie denn hin?"

Ich antworte: „Das überlasse ich ganz und gar Ihnen. Fahren Sie Ihre normale Tour und lassen Sie sich durch mich überhaupt nicht stören. Ich möchte gern Ihre alltäglichen Probleme und Schwierigkeiten kennenlernen, z. B. die Kundeneinwände, die Sie am häufigsten zu hören bekommen. Sinn und Zweck meiner Mitreise ist lediglich der, Fakten zu sammeln, um dadurch später ein möglichst praxisnahes Trainingsprogramm durchführen zu können."

„Ach so", entgegnet der Verkäufer. „Mal schauen: Wir können nach Aschaffenburg fahren, dort habe ich einen Kunden ... Nein, vielleicht besser nicht, heute ist Montag, ein schlechter Tag für Kundenbesuche. Lassen Sie mich einmal überlegen ... Möchten Sie vielleicht nach Frankfurt?"

„Ich bin nur ein Mitreisender und überlasse die Tourenplanung Ihnen", antworte ich darauf.

Dann wiederum der Verkäufer: „Na ja, Frankfurt ist nicht recht geeignet. Dort findet jetzt die große Messe statt, und die Straßen werden verstopft sein. Ich weiß jetzt: Ich habe einen interessanten Kunden im Odenwald. Dort war ich lange nicht. Fahren wir halt dort einmal hin. In einer Stunde müßten wir es packen!"

Wir fahren und fahren. Auch an der Fahrweise erkenne ich eine unnötige Hektik und Unkonzentriertheit. Endlich sind wir da. In der Firma stellen wir fest, daß eine wichtige Unterlage für den Kunden fehlt.

Und so geht es den ganzen Tag weiter. Keinerlei Planung. Nur Hektik und kaum Konzentration.

Abends bin ich froh, zu Hause zu sein, nach einem anstrengenden Tag. Der Verkäufer ist es sicherlich auch.

Methode:
- Tourenplanung
- Vorbereitung

Ratschläge und Regeln:
- Mangelnde Organisation und Planung sind die größten Fehler der Verkäufer und wichtigsten Gründe für ihr Versagen.
- Die Zeit, die Verkäufer am Schreibtisch für die Zielsetzung und Verbesserung ihrer Planung verwenden, macht sich stets bezahlt. Zehn Minuten für die Planung sparen oft Stunden der Arbeit.
- Gute Planung und sorgfältige Vorbereitung geben dem Verkäufer mehr Selbstsicherheit.
- Eine wichtige Regel: Plane deine Arbeit, und arbeite nach Plan.

WENN SIE INTERESSIEREN WOLLEN,
MÜSSEN SIE INTERESSE ZEIGEN

*

WER HEUTE AUFMERKSAMKEIT GE-
WINNEN MÖCHTE, FASST SICH KURZ!

*

WER GEMEINSAMKEITEN MIT KUNDEN
FINDET, VERKAUFT MEHR.

94   Komplizierte Beschreibungen bleiben nicht im Gedächtnis haften

Ich war einmal mit meinem Wagen in Aachen und kannte mich in der Stadt nicht genügend aus. Also drehte ich die Fensterscheibe herunter und erkundigte mich bei einem Herrn nach der von mir gesuchten Straße. Dieser ortskundige Herr – er sagte mir, er sei Aachener – erzählte mir sehr lang und breit, wie man dorthin kommt. Er gab sich viel Mühe und beschrieb mindestens 5 Minuten lang den einzuschlagenden Weg. Beim Heraufkurbeln der Fensterscheibe fragte ich meine neben mir sitzende Frau: „Weißt du jetzt noch, wie das am Anfang war, wie heißen doch die ersten beiden Straßen, an denen wir abbiegen müssen?" Meine Frau wußte es genauso wenig wie ich. Die Erklärung war so ausführlich und weitschweifig gewesen, daß wir beide am Ende nach Anhören des Gesamten nichts mehr vom Anfang behalten hatten. Ich fuhr also auf gut Glück weiter und sah dann einen Polizisten, den ich nochmals um Auskunft bat. Er verstand es, mir mit wenigen, präzisen, kurzen Angaben wie: „Bis zur ersten Ampel, dann rechts ab bis zur zweiten Straße links . . . dann bis zur Tankstelle und dort noch einmal jemanden fragen", den richtigen Weg zu weisen. Ich erreichte dann mein Ziel in kürzester Zeit.

Methode:
- Kleine Informationseinheiten
- Verständlich sprechen und erklären

Ratschläge und Regeln:
- Bedenken Sie immer, daß Ihre Zuhörer nur eine gewisse Aufnahmekapazität besitzen.
- Zu viele (oder lange) Informationseinheiten auf einmal können nicht aufgenommen und schon gar nicht behalten werden.
- Geben Sie Informationen und Hinweise in „kleinen Happen" und lassen Sie sie, wenn möglich, vom Empfänger kurz wiederholen.
- Wir müssen lernen, alles ein wenig zu entkomplizieren. Wenig Information ist oft mehr!

Tip für:	o **Verkaufsleiter**	o **Firmeninhaber**
	o **Chefs**	o **Innendienst**

95 Gelbe Formblätter erreichen den Verkaufsleiter direkt

Viele Außendienstmitarbeiter bemängeln, daß manche ihrer Wünsche, Vorschläge und Bitten durch die Sachbearbeiter im Innendienst, Auslieferungslager und Gebietsverkaufsleiter oft überhaupt nicht oder nicht genügend oder nicht sofort berücksichtigt werden. Dies führt dann allmählich im Außendienst zu einem allgemeinen Desinteresse und zu Arbeitsunlust.

Der Verkaufsleiter einer bedeutenden Firma hat ein gelbes Formblatt für den Außendienst eingerichtet. Die Verkäufer können nun ihre dringenden Anliegen auf diese schreiben. Gelb hat im Hause „Vorfahrt". Der Verkaufsleiter bekommt diese Blätter sofort auf seinen Schreibtisch gelegt – zwecks sofortiger Berücksichtigung und Veranlassung.

Methode:
- Verwendung farbiger Blätter
- Das Wichtige hat „Vorfahrt"

Ratschläge und Regeln:
- Geben Sie Ihrem Außendienst auch die Chance, dringende Anliegen so melden zu können.
- Wichtige Kunden haben meist wichtige Wünsche, die sofort erledigt werden sollten.
- Dem Außendienstmitarbeiter fehlt es oft am „direkten Draht" nach oben. Helfen Sie ihm, einen zu haben!
- Vielleicht besteht in Ihrem Hause jetzt eine „grüne Welle" zur Verwendung farbiger Blätter für eilige Fälle?

96 Der zentrale Einkauf nimmt ständig zu

Die Großen werden immer größer und die Kleinen immer kleiner
… Welch wahre Behauptung! Ein mir bekannter technischer Verkäufer hatte zu einigen Bediensteten der Bundesbahn in einer
Stadt im Ruhrgebiet einen sehr guten Kontakt. In jahrelanger Arbeit hatte er den Technikern dort Tips und Ideen übermittelt, mit
den von ihm angebotenen Kleb- und Dichtungsstoffen optimal zu
arbeiten. Die Techniker hatten sich an diese Produkte gewöhnt
und waren damit auch sehr zufrieden. Eines Tages, bei einem er-
neuten Besuch, erklärten sie dem Verkäufer: „Leider dürfen wir
Ihre Produkte nicht mehr kaufen, da der Einkauf nunmehr zentral
von München aus vorgenommen wird. München forciert jedoch
andere Hersteller." Man ärgerte sich sehr über diese „Bevormun-
dung" aus München und sah nicht ein, weshalb man auf die ver-
traut gewordenen Produkte plötzlich verzichten sollte. Nach eini-
gem Hin und Her empfahl dann der Verkäufer, gemeinsam eine
entsprechende Darlegung aus ihrer Sicht zu erarbeiten und nach
München zu schicken, mit der Bitte, die bisherigen erprobten und
bewährten Produkte weiterhin beziehen und verwenden zu dürfen.
Eine Antwort aus München stand zum Zeitpunkt des Berichtes
des Verkäufers mir gegenüber noch aus. Jedoch ist deutlich er-
sichtlich, welche Diskrepanz oft zwischen Einkauf und Anwen-
dungsabteilung besteht. Der Einkauf ist meistens zu sehr gewinn-
orientiert und nicht immer praxisbezogen genug. Ein preisgün-
stigeres Produkt ist noch lange nicht auch gleichzeitig besser.

Methode:
- Permanente Kundenpflege
- Gewinnung von zentralen Einkaufsstellen und -gremien

Ratschläge und Regeln:
- Top-Kunden-Berater sind heute mehr denn je gezwungen,
  die Zentralen intensiv zu bearbeiten.
- Auch jahrelange persönliche Kontakte sind kein Garant
  für ein permanentes Geschäft, deshalb schenken Sie den
  Zentralen besondere Aufmerksamkeit.

97 Wandschmuck im Büro verrät einiges

Gute Verkäufer haben sich den Rundum-Blick angewöhnt. Sie erfassen optische Hinweise in einem Lager, einem Vorzimmer, einem Büro blitzschnell und können somit den Gesprächspartner oft besser und schneller beurteilen.

Anläßlich eines Besuches bei einer Düsseldorfer Firma entdeckte ich während meines Gesprächs mit dem Verkaufsdirektor eine Diplomurkunde vom Management-Center Europe über die Absolvierung eines Marketing-Lehrganges. Da ich dort selbst als Dozent mehrere Seminare auf internationaler Ebene durchgeführt habe, konnte ich mich schon bald mit meinem Gesprächspartner angeregt unterhalten. Dieses Diplom war in Englisch verfaßt. Ich schaltete daraufhin kurzerhand auf Englisch um, was uns beiden irgendwie Freude bereitete. Ohne die Beachtung des an der Wand hängenden Diploms wäre die Unterhaltung um einiges ärmer gewesen, hätten wir kaum so rasch die diversen Gemeinsamkeiten zwischen uns entdeckt!

Erstaunlicherweise laufen aber viele Menschen quasi mit geschlossenen Augen in der Welt herum.

Methode:
- Rundum-Blick beim Kunden
- Augen auf!

Ratschläge und Regeln:
- Versuchen Sie, Ihre Umwelt bewußter zu betrachten.
- Versuchen Sie, das Umfeld Ihres Gesprächspartners schnell und exakt zu erfassen.
- Lenken Sie das Gespräch, wenn möglich, auf Objekte, die Gemeinsamkeiten versprechen.

Tip für:	o **Kundendienst**	o **Chefs**
	o **Verkaufsleiter**	o **Außendienstler**

98 Reklamations-Sachbearbeiter „aufrüsten"

Einer der wichtigsten Leute in einem Betrieb dürfte zweifellos der Sachbearbeiter für Reklamationen sein. Mitarbeiter dieses Sektors müssen darum häufig moralisch aufgerüstet werden, damit sie sich nicht mit den „Ihre-Firma-ist-ein-Saftladen"-Vorwürfen der Kunden eines Tages identifizieren! An die Geduld dieses Mitarbeiters, sich täglich mit Beschwerden und Reklamationen konfrontiert zu sehen, diese dann noch fach- und sachgerecht im Interesse des Kunden und des Hauses aus dem Weg zu schaffen, an ihre Bereitschaft, einen Puffer zwischen Kunden, Verkäufer und Firmenleitung darzustellen, werden wirklich große Anforderungen gestellt. Unterstützen Sie deshalb seine Arbeit nach besten Kräften. Lassen Sie ihn z. B. an Besprechungen teilnehmen, in welchen erörtert wird, wie man Reklamationen vorbeugen kann. Lassen Sie ihn positive Testergebnisse der Produkte lesen und vor allem: Klopfen Sie ihm ab und zu einmal auf die Schulter, wenn Sie ihm begegnen, loben Sie ihn, trösten Sie ihn: „Nur nicht den Kopf hängen lassen, wir haben immerhin 40000 zufriedene Kunden!"

Methode:
- Mitarbeiter loben
- Mitarbeiter motivieren
- Mitarbeitern helfend zur Seite stehen

Ratschläge und Regeln:
- Manchmal ist eine moralische Stütze hilfreicher und wertvoller als alle modernen technischen Hilfsmittel.
- Der Sachbearbeiter für Reklamationen sollte Lob und Anerkennung seitens seiner Vorgesetzten erfahren – denn von den Kunden erhält er beides wohl kaum!
- Versorgen sie ihn mit guten, sachbezogenen Argumenten und Informationen (siehe Tip 122).

Tip für:	o **Verkäufer**	o **Einzelhandel**
	o **Außendienstler**	o **Warenhäuser**

99 Mehr verkaufen durch Probeaufträge

Ein Verkäufer erzählte mir, daß er gute Erfolge hat, indem er zu dem Kunden sagt: „Wir können ja zuerst einmal einen kleineren Probeauftrag machen!" Die Formulierung „Probe"-auftrag kommt meistens gut an, weil Menschen doch gerne „probieren". Es verpflichtet vor allem nicht zu einer größeren Abnahmemenge, und man entschließt sich im Nachhinein – nach der allgemeinen Praxiserfahrung – zu einer größeren Menge.

Methode:
- Über einen kleinen zum größeren Auftrag
- Ausnutzen der „Probierlust" der meisten Menschen

Ratschläge und Regeln:
- Man kann nicht immer gleich beim ersten Besuch zu einem „Großauftrag" gelangen. Mit kleinen Schritten kommt man auch zum Ziel!
- Machen Sie sich die psychologische Wirkung zunutze, daß fast alle Leute gern etwas „probieren" möchten. Durch Probieren können Erfahrungswerte gesammelt werden, die zu einer Auftragserteilung größeren Stils führen.

GEWINNEN SIE DAS VERTRAUEN IHRER
KUNDEN DURCH EINE SORGFÄLTIGE
ANALYSE DER PROBLEME. DIE INVE-
STIERTE ZEIT MACHT SICH IMMER
BEZAHLT.

Tip für:
- ○ Verkäufer
- ○ Außendienstler
- ○ Verkaufsleiter
- ○ Berater
- ○ Verkaufsförderer
- ○ Versicherungen

100 Versuchen Sie, aus dem Preisvergleich herauszukommen

Anläßlich eines Seminars erzählte mir einmal ein Weinhändler, daß er seine Weine auch an Supermärkte verkauft. Er hatte allerdings das Problem, daß seine Weine 2 bis 3 DM teurer waren als die der anderen Mitbewerber. Bei Gesprächen mit den Einkaufsleitern sagten diese meistens: Sie sind zu teuer, die Konkurrenz ist billiger!

In dem unmittelbaren Preisvergleich verlor er einfach immer. Aber seine neue Strategie brachte ihm Erfolg! Er hatte ein Verkaufsförderungsprogramm für ein ganzes Jahr entwickelt. Im Januar zum Beispiel machte er Ausschank, im Februar konnte ein Kunde durch seine Vermittlung die deutsche Weinkönigin kennenlernen, im März ein kleines Preisausschreiben usw. Mit diesem Verkaufsförderungsprogramm ausgerüstet, konnte er bei dem nächsten Einwand: Sie sind zu teuer, die anderen sind billiger, entgegnen: Vielleicht, aber schauen Sie, bieten das meine Konkurrenten auch? Hier habe ich für Sie ein Verkaufsförderungsprogramm entwickelt, das sicherlich Ihren Beifall finden wird ... Es fand Beifall! Wie schon oben gesagt: Diese Strategie brachte ihm Erfolg!

Methode:
- Heraus aus dem unmittelbaren Preisvergleich
- Einsetzen guter Verkaufsförderungsmaßnahmen

Ratschläge und Regeln:
- Meiden Sie möglichst den unmittelbaren Preisvergleich.
- Verkaufsförderungsprogramme helfen dabei und gewinnen mehr und mehr an Bedeutung.
- Ideen und Abverkaufshilfen sind immer günstig für einen Verkauf.

Tip für:	o Verkaufsleiter	o Verkäufer
	o Berater	

101 Kundenbesuch im Krankenhaus

Während einer Zusammenarbeit im Außendienst erzählte mir ein Verkäufer, daß er anläßlich eines Besuches einer Drogerie in seinem Bezirk von einer Angestellten erfuhr, daß der Chef im Krankenhaus läge. Er entschloß sich daraufhin sofort, mit einem Blumenstrauß in die Klinik zu fahren und den Patienten, den er ohnehin gern mochte und schätzte, zu besuchen. An sich zählte dieser Kunde bisher nicht gerade zu seinen Top-Kunden, aber nichtsdestotrotz war der Wunsch da, ihm eine Freude zu bereiten.

Der Drogist war dann natürlich auch erstaunt und erfreut zugleich über diesen unerwarteten Besuch. Man unterhielt sich ausführlich über dies und das und vertiefte so den persönlichen, jetzt rein privaten, Kontakt. – Dieser Besuch im Krankenzimmer hat sich später dann geschäftlich ungemein positiv ausgewirkt. Jener Drogist gehört heute zu den besten und treuesten Kunden im Bezirk.

Methode:
- Persönlicher Kontakt
- „Menschliche" Kundenbetreuung

Ratschläge und Regeln:
- Menschliche Kontakte sollten stets auf- und ausgebaut werden.
- Gerade der Gedankenaustausch auf privater Basis macht die Arbeit ein wenig leichter und liebenswerter.
- Gute Verkäufer haben meistens einen engen, persönlichen Kontakt zu den Kunden und deshalb fällt es den Mitbewerbern in diesen Fällen schwer, „einzubrechen".
- Nicht immer nur das Geschäftliche, sondern auch das Private sehen.

102 Top-Kunden sitzen vielleicht in der Sauna

Ich kenne einen Verkaufsleiter aus Baden-Württemberg, der ein hervorragender Verkäufer ist. Seine Top-Kunden gewinnt er, indem er in seinen Verkaufsgesprächen herauszufinden versucht, was seine Kunden in ihrer Freizeit machen. Von einem für ihn sehr wichtigen Chefeinkäufer einer bedeutenden Filialkette erfuhr er beispielsweise, daß dieser an einem bestimmten Tag der Woche in die Sauna ginge. Der Verkaufsleiter aus Baden-Württemberg machte sich demzufolge auf und erschien am entsprechenden Tag ebenfalls in der Sauna. Er hatte Glück und traf gleich beim ersten Besuch diesen Herrn. Er wiederholte dann seine Saunabesuche noch einige Male, natürlich stets am gleichen Tag wie der Chefeinkäufer. Oben, auf der Bank, sagte dieser dann eines Tages: „Kommen Sie mich doch einmal im Geschäft besuchen!" Und damit war das ersehnte Ziel erreicht. Besagter Verkaufsleiter bucht seitdem kontinuierlich Aufträge von jeweils mehreren Tausend Mark.
Es ist demnach nicht nur wichtig zu wissen, wie man verkauft, sondern auch wo man verkaufen kann, um optimale Ergebnisse zu erzielen.

Methode:
• Kundengewinnung
• Informationssammlung: Wo verbringt der Kunde seine Freizeit?

Ratschläge und Regeln:
• Investieren Sie ab und zu ein wenig Zeit für die Gewinnung eines wirklich potentiellen Kunden. Es lohnt sich bestimmt!
• Lassen Sie nicht in Ihren Bemühungen nach, Wege zu finden, um neue Kunden zu gewinnen (siehe auch Tip 74).
• Denken Sie daran, nicht nur im Büro, im Geschäft, in der Firma selbst eröffnen sich neue Verkaufschancen, sie liegen überall, auch auf dem privaten Sektor des gesellschaftlichen Lebens.

Tip für:	○ Verkaufsleiter	○ Gebietsleiter
	○ Marketing	○ Versandabteilung
	○ Organisationsabt.	○ Innendienst

103 Meine Hauptschwierigkeit ist für mich die eigene Firma

Ist es nicht traurig, wenn ein Außendienstmitarbeiter diesen Seufzer ausstößt und meint: „. . . nicht etwa die Kunden, nein, zu denen habe ich nämlich einen sehr guten und positiven Kontakt, aber die Zusammenarbeit mit unseren Sachbearbeitern im Hause . . . Wenn sie nur etwas weniger verwaltungsorientiert und mehr kundenbezogen denken und arbeiten würden!" Oft wird der Außendienstmitarbeiter im eigenen Hause nicht genügend unterstützt. Er steht als Mittler zwischen Verkauf und Einkauf, und fühlt sich oftmals ungerecht behandelt, wenn er die Kundenwünsche weiterleitet. Die mitunter mangelnde Hilfestellung seitens seines Hauses führt ihn in eine Zwangslage und verursacht nicht selten Depressionen. Viele Kundenanfragen, -wünsche und -reklamationen liegen häufig tage-, wenn nicht gar wochenlang im Hause herum, ohne bearbeitet zu werden. Besonders die Reklamationen bzw. ihre Nichterledigung muß der Verkäufer dann draußen beim Kunden buchstäblich „ausbaden". Manche unqualifizierte, schroffe Antwort wird dem Kunden durch den Innendienst zuteil. Die gesamte Firma sollte hinter ihrem Repräsentanten im Außendienst stehen und ihm helfen, der Firma zu helfen.

Methode:
- „Der Verkäufer ist unser erster Kunde!"
- Dem Verkäufer an der Front Schützenhilfe leisten und Rückenstütze bieten!

Ratschläge und Regeln:
- Ist die Zusammenarbeit zwischen dem Innen- und Außendienst in Ihrem Hause optimal gestaltet?
- Arbeitet Ihr Innendienst kundenorientiert und zügig, insbesondere im Hinblick auf Auftrags- und Reklamationsbehandlung?
- Muß Ihr Außendienst vielleicht nebenher für andere Abteilungen arbeiten, z. B. Marktforschungsdienste leisten, administrative Erledigungen machen usw.?
- Eine Firma lebt vom Verkauf und sollte deshalb alles tun, dem Verkäufer zu helfen (siehe auch Tip 95).

Tip für: ○ **Industriefirmen**   ○ **Verkaufstrainer**
○ **Großhandel**   ○ **Verkaufsleiter**
○ **Verkaufsförderer**

104 Verschaffen Sie sich mehr Umsatz durch Händlerschulung

Immer mehr Industriefirmen sind darauf angewiesen, ihre Produkte über den Großhandel zu verkaufen. Während der letzten Jahre sind sehr viele neue Produkte im Zuge der Sortimentserweiterung auf den Markt gebracht worden.
Dadurch sind die anzubietenden Sortimente des Großhandels immer umfangreicher geworden und überlasten somit oft den Außendienstverkäufer. Alle Produkte können nicht immer und überall angeboten werden. Deshalb ist es für den Hersteller oft schwierig, mit einem kontinuierlichen Umsatz seiner Produkte zu rechnen. Um diesem Mißstand abzuhelfen, werden heute bereits öfter Händlerschulungen, meistens am Freitag nachmittag, in den Großhandlungen durchgeführt. Diese haben sich oft schon sehr bewährt. Neuerdings besteht der Trend, auch Top-Kunden zu hausinternen Schulungen mit Freizeitprogramm einzuladen. Diese neuen Aktivitäten machen sich meistens sehr positiv bemerkbar.

Methode:
- Seminare für den Großhandel
- Kundenschulungen
- Abverkaufshilfe

Ratschläge und Regeln:
- Aktivieren Sie die Mitarbeiter im Großhandel durch Zusammenarbeit im Außendienst und Händlerschulungen.
- Laden Sie Top-Kunden ins Werk zur Schulung ein.
- Zwischen den Teilnehmern entstehen oft interessante freundschaftliche Verbindungen, die dank der Firma vermittelt werden konnten.
- Auch im Großhandel müssen Sie sich gegenüber ihren Mitbewerbern unterscheiden und immer präsent bleiben.
- Organisieren Sie Autorenabende!

Tip für: o **Außendienstler**   o **Versicherungsverkäufer**
              o **Kontakter**   o **Anzeigenleiter**
              o **Unternehmens-**   o **Spezialverkäufer**
                berater

105 Laden Sie den Kunden doch einmal zum Essen ein!

Dieser Einfall kann Ihnen schon zu größerem Umsatz verhelfen! Viele namhafte Verkäufer, die ich kenne, verwenden diese Taktik bewußt als Strategie der Kundengewinnung. So manche großen Abschlüsse sind schon am Mittagstisch oder beim Cognac danach getätigt worden. Kunden schätzen immer eine Einladung und die nette Atmosphäre eines gepflegten Restaurants. Nicht zu vergessen: Sie sitzen sich als Partner am Tisch gegenüber, später vielleicht sogar als Freunde! Führende Versicherungsleute, Anzeigenleiter, Spezialverkäufer etc. bedienen sich dieser Methode. Hier einige Vorteile, die dafür sprechen, sie anzuwenden:

- Sie nutzen die Mittagszeit gewinnbringend aus.
- Der Kunde fühlt sich angenehm bestätigt.
- Sie differenzieren sich von Ihren Konkurrenten.
- Weniger Störungen und mehr Konzentration.
- Eine gute Gesprächseröffnung für den nächsten Besuch.
- Mehrere Gesprächspartner können angesprochen werden.
- Der Kunde kann sich nicht so schnell entfernen und sich dadurch dem Gespräch entziehen.

Methode:
- Einladung des Kunden zum Essen

Ratschläge und Regeln:
- Haben Sie einen schwierigen Kunden? Laden Sie ihn zum Essen ein!
- Investieren Sie ruhig einmal die Spesen für eine Einladung – sie werden sich bestimmt amortisieren.

106 Nutzen Sie die Vorteile des Telefonverkaufs

Einige wichtige Gründe für den Telefonverkauf sind:
- Steigende Kosten im Außendienst
- Verkehrsprobleme
- Schwierigkeiten, Termine zu bekommen
- Parkplatznot
- Lange Wartezeiten
- Kurze Sprechzeiten
- Wachsende Sortimente
- Hohe Benzinkosten
- Schnelle Reaktion seitens des Kunden
- Vertreter werden nicht so schnell „abgewimmelt"

Immer mehr Firmen versuchen, Kundenkontakte mittels Telefon-Marketing zu erreichen. Die Vorteile sind:

Sie sparen:
- Zeit
- Streß
- Kosten

Sie überwinden:
- Schranken
- Hindernisse
- Das „Abwimmeln"

Sie können:
- Nachfassen
- Termine vereinbaren
- Vorgänge beschleunigen
- Rasch Auskünfte einholen

Sie erhalten:
- Sofort-Termine
- Sofort eine Antwort

Sie gewinnen:
- Zeit
- Neue Kunden

Sie haben:
- Eine größere Anzahl an Kundenkontakten
- Mehr Sortimentsverkauf aus der Artikelliste
- Schnellere Gesprächsdurchgänge

Methode:
- Telefonverkauf nutzen

Ratschläge und Regeln:
- Überlegen Sie, ob auch Sie Ihre Produkte per Telefon anbieten können.
- Versuchen Sie, mit dem Kunden durch Telefon-Nachfaßaktionen in Kontakt zu bleiben.
- Bei der Abschlußphase ist am Telefon allerdings besondere Vorsicht geboten, damit keine Mißverständnisse aufkommen. Haben Sie aber hierüber irgendwelche Zweifel, dann besuchen Sie lieber den Kunden noch persönlich!

WENN JEMAND SCHLECHT ZUHÖRT, NENNEN
SIE ÖFTER SEINEN NAMEN!

*

KUNDEN WÜRDEN BESSER ZUHÖREN,
WENN ES IHNEN DER VERKÄUFER ERLEICHTERN WÜRDE.

107 Erst denken, dann telefonieren

Hier folgen nun 10 wichtige Punkte für die Telefonpraxis:

- Wann kann ich den Kunden anrufen?
- Warum will ich den Kunden anrufen?
- Wen will ich speziell sprechen?
- Was will ich erreichen?
- Welche Einwände habe ich zu erwarten?
- Wie kann ich diese widerlegen?
- Welche Unterlagen benötige ich?
- Welche Unterlagen benötigt mein Gesprächspartner eventuell?
- Welche sachlichen Argument muß ich unbedingt parat haben?
- Welches Ergebnis will ich generell erreichen?

Wir sehen also, daß es doch einige Punkte gibt, die bedacht werden müssen.

Methode:
- Fragenkatalog für Telefonverkauf erstellen
- Gegebenenfalls vorab Informationsmaterial zusenden

Ratschläge und Regeln:
- Bereiten Sie sich gedanklich auf jedes Telefongespräch vor.
- Lassen Sie sich entsprechende Checklisten anfertigen.
- Telefonieren Sie immer möglichst kostensparend.

108 Einige der größten Fehler beim Telefonieren

Nur wer weiß, was er falsch macht, kann seine Fehler korrigieren!
Aus Telefon-Trainingsseminaren, die wir firmenintern durchge-
führt haben, ermittelten wir, daß die Teilnehmer u. a. folgende
Fehler nannten:

- Zur falschen Zeit anrufen
- Den falschen Partner ansprechen
- Unhöflichkeit zeigen
- Zu schnelles, langsames oder undeutliches Sprechen
- Den Partner nicht mit Namen (und Titel) anreden
- Des Partners Problem nicht erfassen
- Falsche Einstellung
- Allgemeine Gleichgültigkeit zeigen
- Mangelndes Engagement
- Auf Kundenfragen nicht eingehen
- Den Kunden nicht aussprechen lassen
- Dem Kunden „ins Wort fallen"
- Nicht mitdenken
- Fehlen von Fachkenntnissen
- Fakten und Daten nicht genau aufnehmen
- Reklamationen falsch beantworten
- Mangelnde Vorbereitung für das Telefongespräch

Methode:
- Hauptfehler beim Telefonieren vermeiden

Ratschläge und Regeln:
- Entwickeln Sie mit diesen Punkten für Ihre Mitarbeiter eine Checkliste.
- Überlegen Sie selbst, welche weiteren Fehler gemacht werden.
- Führen Sie ein Telefontraining in Ihrem Hause durch – es
  lohnt sich bestimmt!

Tip für:	○ **Marketing**	○ **Verkaufsleiter**
	○ **Verkaufsförderung**	

109 Telefonverkauf für Innen- und Außendienstmitarbeiter

Telefonverkauf kann sehr gut vom Innendienstverkäufer für folgende Aktionen verwendet werden:

- Neue Produkte
- Standard-Produkte
- Sortimentsangebote
- Aktionsangebote
- Bedarfserforschung
- Angebotsverfolgung
- Kontaktgespräche
- Reklamationserledigung und -behandlung

Im Außendienst kann per Telefon folgendes behandelt werden:

- Auskünfte und Informationsgespräche
- Erlangen von Firmen- und Kundenvorinformation
- Gesprächspartner-Vorinformationen
- Bedarfsanalysen
- Vereinbarung eines Besuchstermins
- Nachfaßgespräche
- Kundenkontakt und Good-will-Aktionen
- Reklamationserledigungen

In den Vereinigten Staaten von Amerika ist die Tendenz zu beobachten, daß Telefon-Marketing sogar das Post-Marketing überflügelt.

Methode:

- Telefonverkaufsmöglichkeiten überprüfen und anwenden

Ratschläge und Regeln:

- Durch die Macht der Gewohnheit verwenden viele Verkäufer zu viel Zeit im Auto. Oft würde ein Telefonat genügen!
- Überprüfen Sie, ob Telefon-Marketing in Ihrem Hause möglich ist.
- Besuchen Sie eventuell Telefon-Verkaufsseminare.

110 Grundsätze der erfolgreichen telefonischen Kundenansprache

Sie bestehen aus einigen wesentlichen Regeln, die ich hier gerne wie folgt aufführen möchte:

- Wesentlich sein! Nur kurze Sätze, nur wichtigste Informationen, keine unnötigen Wiederholungen, keine langen Pausen, Gesprächsdisposition vorher erstellen.
- Aktive Gesprächssteuerung, mit „Aufhängern" das Gesprächsziel ansteuern, Kunden zum Reden bringen (Fragetechnik), Kundenprobleme ansprechen, Problemlösungen vorschlagen, bei Abweichungen zum Thema zurückführen, Vorwände überspielen („Umkehrtechnik"), Ergebnisse zusammenfassen, Vorschläge bestimmt formulieren, Zustimmung erleichtern („Alternativ-Technik").
- Zuständigkeit klären, um Leerlauf zu vermeiden und Kosten zu sparen.
- Partnernamen nennen; Namen erfragen, schwierige Namen buchstabieren lassen, Namen oft wiederholen.
- Konzentration auf Partner: Reden lassen, „Sie"-Standpunkt, Argumente aus Partnersicht formulieren, Kundenerwartungen ansprechen, Schlußfolgerungen für den Partner ziehen.
- Fragetechniken anwenden; das lockert auf, beteiligt den Partner, regt zum Mitdenken an, liefert notwendige Informationen und Fakten.
- Gut zuhören wertet den Partner auf, aktiviert den Kunden. Nicht wortlos zuhören; den Kunden bestätigen, wichtige Gedanken mit „Ja, sicher!" verstärken, „Sie haben recht", „So ist es!", „Sie erkennen das Problem richtig!"
- Wichtige Punkte wiederholen und bestätigen.
- Klare Ergebnisse dadurch schaffen, daß der Partner festgelegt wird, um Mißverständnisse zu vermeiden.
- Bedanken und freundliche Verabschiedung; das sichert den Gesprächserfolg, erhält den Kontakt, bereitet weitere Verhandlungen vor.
- Sofort eine Gesprächsnotiz anfertigen.
- Mit der Stimme „lächeln"; freundliche Grundeinstellung

spüren lassen, weicher und warmer Tonfall, verbindliche und höfliche Formulierungen.

- Richtige Sprechgeschwindigkeit, nicht zu langsam, nicht zu schnell, nicht nervös, Tempo dem des Partners anpassen.
- Deutlich artikulieren, akzentuiert sprechen, Verlegenheitslaute vermeiden (ähhhh, hmmmmm, nöööööö etc.), keine Endsilben verschlucken, kein Gemurmel, keinen Jargon.
- Nicht monoton sprechen, Lautstärke variieren, Stimme heben und senken, Sprechrhythmus wechseln, Wesentliches besonders betonen, Wirkungspausen einschieben.
- Richtige Lautstärke; nicht zu laut – wirkt aufdringlich, nicht zu leise – wirkt unsicher.
- Kurze Sätze – weniger Nebensätze; natürlich sprechen, nicht geschraubt, kein Amts-Deutsch, keine Superlative.
- Verständlich sprechen in der Sprache des Partners!
- Wenig Fremdwörter verwenden.
- Partnerschaft herstellen.
- Kunden anerkennen und bestätigen, nicht unterbrechen, nicht „übersprechen", nicht widersprechen, sich beherrschen, freundlich reagieren (auch in schwierigen Situationen).

Diese Grundsätze sind nicht nach Priorität aufgeführt, sie sind untereinander gleichwertig.

Methode:
- Telefongesprächsregeln beherrschen

Ratschläge und Regeln:
- Beachten Sie obige Ratschläge und Regeln!
- Versuchen Sie, ein Telefon-Trainingsseminar zu besuchen, um den eigenen Stand zu überprüfen, denn durch die Macht der Routine schleichen sich oft Fehler ein.
- Das Telefon ist ein sehr wichtiges Instrument für die Kundengewinnung.
- Haben Sie Ihre eigene Telefonzentrale überprüft – sie ist ja Ihre erste Visitenkarte?
- Viele Firmen geben Millionen für Werbung aus und lassen wichtige Neuinteressenten durch eine unfreundliche Telefonistin täglich abwimmeln oder verärgern.

111 Die Methode für die achtziger Jahre

In unseren bundesweiten Verkaufstrainings-Seminaren sage ich
den Teilnehmern im Seminar „Neuzeitliches Einwand- und Argu-
mentations-Training mit Matrix-System und Checklisten für Pro-
blemkunden" immer wieder: „Gehe nie zu einem Kunden, ohne
eine Idee mitzunehmen."

Verkäufer, die nur abfragen, haben es immer schwer. Kein Wunder, wenn sie dann mit dem Satz abgefertigt werden: „Ich brauche
heute nichts!"

In den neunziger Jahren, bei stagnierenden Märkten, wird es immer notwendiger, Ideenverkauf zu betreiben! Wer versucht, neue
Ideen zu entdecken und zu entwickeln, findet auch mehr Spaß und
Freude am Verkaufen. Es ist auch oft gar nicht so schwierig, denn
was Sie an einer Stelle gesehen oder beobachtet haben, können
Sie später woanders ebenso, oder leicht abgewandelt, verwenden
oder ergänzen. Denken Sie daran: Ideenverkauf gewinnt an Bedeutung.

Methode:
- Ideenverkauf

Ratschläge und Regeln:
- Versuchen Sie, Ihre Berufswelt mit offenen Augen zu
  sehen.
- Schaffen Sie sich ein Notizbuch an, in das Sie spontane und
  schöpferische Ideen sofort notieren können (Ideenkartei).
- Fotokopieren Sie Fachartikel, Innovationen, Neuigkeiten
  und Ratschläge für Ihre Kunden.
- Verkaufen macht mehr Freude, wenn Sie sehen und erkennen, daß die Kunden für Ihre Mithilfe dankbar sind.
- Suchen Sie ständig zündende Ideen, und Ihr Feuer wird
  nicht erlöschen. Eine Idee bringt oft schon eine andere.

112 Kennen Sie die „Kopfnick-Methode"?

Die Bedeutung und die Aussagekraft der Körpersprache beim Vortrag, beim Verhandeln und Verkaufen wird auch heute noch zu wenig berücksichtigt und verwandt, obwohl es inzwischen eine Anzahl guter Bücher über die Körpersprache gibt. Es lohnt sich immer, diese zu studieren. Eine neue Welt wird sich Ihnen auftun! In Seminaren für Rhetorik und Verkauf arbeite ich z. B. unter anderem sehr gern mit der „Kopfnick-Methode", denn Sie können Ihr Gegenüber während eines Gespräches sehr stark beeinflussen, wenn Sie ab und zu zustimmend mit dem Kopf nicken. Ihr Partner hat dann nämlich nicht nur den Eindruck, daß Sie ihm intensiv zuhören, sondern, was noch viel wichtiger ist, daß Sie seine Aussagen auch bejahen, und daß Sie offensichtlich seiner Meinung sind! Selbstverständlich bewirkt diese Erkenntnis eine angenehme und positive Atmosphäre, und er wird anschließend Ihren Ausführungen mit einer viel größeren Bereitschaft lauschen, als dies der Fall wäre, wenn Sie ihm vorher nur desinteressiert oder gelangweilt zugehört hätten.

Methode:
- Anwendung der Körpersprache
- Kopfnicken als Zeichen der Zu- und Übereinstimmung

Ratschläge und Regeln:
- Üben Sie sich in der Beherrschung der Körpersprache.
- Unterstreichen Sie das Gesagte mit dem entsprechenden Mienenspiel, mit Kopfnicken oder mit betonenden und unterstreichenden Handbewegungen, und das Gesagte erhält wesentlich mehr Nachdruck!

Tip für:	o **Marketing**	o **Verkaufsförderung**
	o **Werbung**	o **Einzelhandel**

113 Auch Kleinanzeigen bringen Erfolg!

Seit vielen Jahren beobachte ich mit großem Interesse die Werbemethode einer Firma, die ihr Produkt wie folgt bewirbt: „Bei Hautleiden DDD Hautbalsam".

Immer wieder sehe ich die DDD-Anzeige mit folgendem Text in Zeitschriften:

> „Pickel, Akne, Mitesser, unreine Haut. Meist rasche Besserung durch DDD-Hautbalsam mit dem dreifachen Heileffekt. Stoppt sofort Juckreiz und pflanzt langfristig ein antibakterielles Wirkdepot in die Haut. Durchblutungsaktive Wirkstoffe fördern den Heilprozeß. In Apotheken. Auch in Österreich. Bei Hautleiden: DDD-Hautbalsam" (Rechts Produktabbildung DDD-Hautbalsam).

Eine einmalige Großanzeige wirkt oft nicht so nachhaltig wie eine langfristig eingesetzte Kleinanzeige. Hier bewährt sich das stetige Wiederholen.

Methode:
- Ständige Wiederholung
- Produkt und Namen in Erinnerung bringen

Ratschläge und Regeln:
- Jeder muß versuchen, seine Produkte, Ideen und Dienstleistungen ständig neu in Erinnerung zu bringen.
- Wer nicht ständig mit seinen Kunden in Kontakt bleibt, wird sehr leicht vergessen.

114 Der springende Punkt

Sie haben sicherlich in Ihrem Leben schon viele Reden, Vorträge und Präsentationen gehört, und doch sind nur einige wenige fest in Ihrer Erinnerung haften geblieben. Die Aussagen sind längst vergessen, und doch bleibt die eine und andere Rede ein Leben lang „hängen". Denken Sie einmal nach, an welche Rede oder an welchen Redner Sie sich erinnern können.

Eine solch einprägsame Rede hörte ich vor längerer Zeit von Herrn Heinz Rost, der viele Jahre Verkaufsleiter für eine namhafte Wiesbadener Firma war. Bei einer Jahrestagung hatte er einen kleinen schwarzen springenden Ball zum Vortrag mitgebracht. Zur Unterstreichung der wichtigsten Punkte ließ er dann immer den Ball auf den Boden prallen und sagte dabei: „Der springende Punkt ist: ..." Dieser Gag wird mir z. B. lange in Erinnerung bleiben.

Methode:
- Verwendung von Gags und Schaustücken
- Außergewöhnliches anwenden

Ratschläge und Regeln:
- Gute Vorträge und Verkaufspräsentationen müssen lange im voraus durchdacht und vorbereitet werden.
- Versuchen Sie, neue und originelle Methoden anzuwenden.
- Verwenden Sie Demonstrationsstücke und lustige Einfälle als Hilfsmittel zum Erfolg.

115 300 % mehr Weinumsatz durch kluge Fragetechnik

Ich habe einmal gehört, daß ein Restaurant in Amerika den Weinumsatz um 300 % nur durch richtige Fragestellung erhöhen konnte. Durch ein Institut für „erprobte Verkaufssätze und -formulierungen" wurde eine Ist-Bestandsaufnahme über die gebräuchlichsten Formulierungen gemacht.

Es wurde ermittelt, daß die Ober fast immer einfach die Frage stellten: „Was möchten Sie trinken?" Bei dieser Fragestellung hat der Gast die Möglichkeit, ein Getränk zu ordern, z. B. ein Bier. Die Kaufinitiative liegt in erster Linie beim Kunden. Neue Formulierungen, um den Weinabsatz zu erhöhen, wurden deshalb entwickelt und erprobt. In diesem Lokal ging man fortan folgendermaßen vor: Auf den Tischen standen funkelnde Weingläser und hübsch dekorierte blütenweiße Damast-Servietten. Der Ober trat an den Tisch, nickte freundlich, schaute die Gäste an und fragte z. B.: „Möchten Sie lieber Rot- oder Weißwein trinken?" Durch diese Alternativ-Formulierung waren die Gäste schon darauf programmiert, Wein zu bestellen; die Entscheidung lag dann nur noch in der Weinwahl. Viele hielten es dann vielleicht für unangebracht, zu sagen: „Bringen Sie mir lieber ein Bier!" Unter diesen Umständen steht natürlich der betreffende Gast unter einem psychologischen Druck, der nicht unbegrenzt Anwendung finden kann. Aber viele Leute lassen sich ja ganz gern etwas „leiten", und andere, mit genügend Selbstvertrauen und -bewußtsein, lassen sich auch in einem solchen Fall nicht von einer Bierbestellung abhalten. Durch die Motivierung der vielen „Unschlüssigen" jedoch kann der Umsatz in die gewünschte Richtung gelenkt werden.

Methode:
- Geschickte Fragetechnik
- Verwendung der Alternativ-Methode

Ratschläge und Regeln:
- Trainierte, psychologisch geschulte Ober verkaufen mehr.
- Entwickeln Sie verkaufsfördernde Formulierungen (siehe auch Tip 52).
- Zusatzverkäufe erhöhen auch in der Gastronomie den Umsatz!

Tip für: o **Marketing-**   o **Einzelhandel**
          Werbung   o **Fachhandel**
       o **Verkaufsförderung**

116 ... und einen Dollar für die Werbung

Ich glaube, es war Henry Ford, der sagte, daß er für jeden Dollar, den er für die Produktion ausgibt, auch einen für die Werbung bereithält.

Ich weiß, daß die Bedeutung richtiger Werbung in Zukunft noch wachsen wird. Was nutzt das beste Produkt, wenn es nicht beworben wird. Hühner gackern, wenn sie ein Ei gelegt haben, deshalb werden auch mehr Hühner- als Enteneier verkauft! Biete ein gutes Produkt an und bewerbe es fleißig, und die Qualität und der Nutzen sprechen sich schnell herum.

Methode:
- Werbung ist ein wichtiges Instrument
- Auch Qualität muß angepriesen werden

Ratschläge und Regeln:
- Selbst die besten Artikel benötigen eine gute Werbung.
- Beauftragen Sie eine angesehene Werbeagentur damit, Ihnen eine Werbekonzeption zu entwickeln.
- Große Objekte werden oft durch kleine Ideen verkauft.
- Von Henry Ford stammt angeblich auch der Ausspruch, daß ihm klar sei, daß er von jedem für Werbung ausgegebenen Dollar die Hälfte zum Fenster hinausgeworfen hätte. Die Frage sei immer, welche Hälfte ... Woraus abzuleiten ist, daß die andere Hälfte nutz- und gewinnbringend in Werbung angelegt ist!

Tip für:	○ Werbeleiter	○ Kundendienstleiter
	○ Marketingleiter	○ Verkaufsleiter

117 Direkter Draht – bei Tag und Nacht

Die Firma Dörries in Düren, eine bekannte Maschinenfabrik, hat sich einen guten Namen als Hersteller von Spezialmaschinen für verschiedene Branchen erworben. Diese Großanlagen werden an das In- und Ausland verkauft und montiert.

Bei einer Zusammenarbeit im Außendienst entdeckte ich Werbemittel in Form von Prospektanzeigen sowie auch Fensterkleber mit folgendem Text:

Direkter Draht – bei Tag und Nacht – Dörries Montage- und Reparaturservice. Der „Direkte Draht: 02421/499226" (Daneben eine Abbildung: Monteur mit Werkzeug in der Hand und Telefonhörer). Darunter steht: Dörries, ein Unternehmen der Voith-Gruppe.

Methode:
- Mit Service Kunden erhalten und gewinnen
- Tag und Nacht erreichbar sein
- Mit Serviceleistungen werben
- Bekanntgabe der Telefonnummer
- Fensterkleber-Direktwerbung

Ratschläge und Regeln:
- In vielen Bereichen werden sich die Produkte immer ähnlicher, der Unterschied liegt heute oft nur in der Kundenhilfe und in einem zuverlässigen Kundendienst.
- Wer seinen Kunden hilft, ihre Probleme schnell zu lösen, hilft sich selbst.
- Lassen Sie den Kunden wissen, daß Sie für ihn da sind: Tag und Nacht.
- Firmen, die einen guten Kundendienst anbieten (und durchführen!), geben ihren Produkten und ihrem Außendienst eine wichtige Stütze.

118 Eine wichtige Frage – die Kontrollfrage

Wie Sie aus Ihrer Praxis wissen, kann man niemals den Kunden plump fragen: „Kaufen Sie jetzt, oder nicht?"

Auf dem Weg zum Abschluß müssen wir bereits vorher vom Kunden zustimmende und positive Äußerungen gesammelt haben, bevor wir zu einer massiveren Frage in Richtung Kaufabschluß übergehen dürfen. Es gibt eine Menge von Kontrollfragen, mit deren Hilfe wir abschätzen können, wie weit die Kaufbereitschaft unseres Kunden gediehen ist. Hier einige Formulierungen:

- Wenn Sie kaufen würden, käme dann A oder B in Frage?
- Nehmen wir einmal an, Sie entschlössen sich zum Kauf dieses ..., hätten Sie es lieber in Grün, oder in dem satten Rot?
- Über welchen Großhändler würden Sie die Ware beziehen?
- Soll ich Ihnen die Artikel gleich hier lassen, oder möchten Sie lieber über den Großhandel beziehen?
- Möchten Sie, wenn Sie sich zu einem Erwerb entschließen würden, die Ware jetzt gleich oder erst ...?
- Kämen Sie denn überhaupt mit drei Kartons aus, oder benötigen Sie gleich fünf?
- Wären Sie eventuell an einer Zweitplazierung interessiert, die sicherlich Ihren Umsatz erhöhen würde?
- Meinen Sie, daß Ihre Abnehmer eher die hellen oder die dunklen Töne bevorzugen würden?

Methode:
- Kontrollfragen anwenden

Ratschläge und Regeln:
- Stellen Sie zur richtigen Zeit die richtigen Kontrollfragen, um die Abschlußreife zu prüfen.
- Die meisten Aufträge gehen verloren, weil man den Abschluß nicht zur richtigen Zeit und in der richtigen Weise einleitet.
- Helfen Sie dem Kunden, seine Entscheidung zu treffen!

119 Vermeiden Sie Negativ-Formulierungen

Täglich hören Sie, sei es im Gespräch, bei Konferenzen, Diskussionen oder auch am Telefon, ungeschickte und mitunter sogar ungezogene und undurchdachte Formulierungen, die dazu führen, den Empfänger negativ zu stimmen. Hier einige Beispiele, die man oft in der Praxis hört:

Sie haben nicht aufgepaßt!

Wenn ich es doch sage ...!

Da sind Sie aber ganz falsch informiert!

Davon haben Sie keine Ahnung!

Das sehen Sie völlig falsch!

Da haben Sie eben einen großen Fehler gemacht.

Sie müssen ...!

Nein, das kann nicht sein!

Ich kann Ihnen beweisen, daß Sie im Unrecht sind ...

Dieser Fehler liegt nicht bei uns!

Ihre Ansicht stimmt nicht!

Das kann ich viel besser beurteilen als Sie!

Ich weiß schon, was Sie sagen wollen!

Sie beschweren sich doch immer!

Schreien Sie nicht so, ich höre Sie auch so gut!

Sie denken viel zu einseitig.

Sie müssen nicht immer die Schuld bei anderen suchen!

Unterbrechen Sie mich doch nicht dauernd!

Ich will Ihnen mal was sagen ...

Sie reden wirklich nur Unsinn!

Jetzt kommen Sie doch endlich zur Sache!

Da täuschen Sie sich aber gewaltig!

So etwas dürfen Sie mir doch nicht sagen!

Methode:
- Vermeiden Sie möglichst negative Formulierungen
- Einüben von Positiv-Formulierungen

Ratschläge und Regeln:
- Überlegen Sie, welche Formulierungen Sie persönlich nicht mögen.
- Wir wollen den Partner nicht erzürnen und abschrecken, sondern ihn gewinnen!

Tip für: o **Marketing**   o **Verkaufsleiter**
           o **Verkaufsförderung** o **Versandhandel**
           o **Druckereien**

120 Wir bedrucken die Pflegetücher mit Ihrem Namen – kostenlos!

Zwar ist die Branche der Putzmittel-, Putzmaschinen-, Putzgeräte-Industrie eine interessante, jedoch ist hier die Konkurrenz groß, und die Artikel stehen preislich in unmittelbarem Wettbewerb. Ständig müssen neue Mittel und Wege gesucht und erprobt werden, um neue Kunden zu gewinnen. Eine interessante Praktik, die mir zu Ohren kam, ist die, daß einige Lieferanten bereit sind, z. B. den Firmennamen des Käufers auf Reinigungs- oder Staubtücher kostenlos aufzudrucken. Ein guter Kundenservice! Diese Methode hat den Vorteil, daß der Kunde eine kostenlose Werbung für sein Unternehmen einsetzen kann.

Methode:
- Zusatznutzen anbieten
- Druckideen

Ratschläge und Regeln:
- Versuchen Sie, den Kunden durch originelle Ideen und kundenbezogene Serviceleistungen zu gewinnen.
- Durch Service-Ideen können Sie oft größere Mengen verkaufen und somit die zusätzlichen Kosten ausgleichen.
- Überlegen Sie, ob auch Sie die Möglichkeit haben, einen kostenlosen Werbedruck mit anzubieten.
- Denken Sie dabei auch an Etiketten und Beilagekarten!
- Auch Versandhäuser gehen inzwischen dazu über, die Namen ihrer Kunden oder ihre Monogramme auf bestimmte Waren zu drucken.

121 Schaustücke helfen überzeugen

„Eines Tages stellte ich fest, daß das Wasser, das bei uns aus der Wasserleitung kam, eine kaffeebraune Färbung hatte und nicht sehr appetitlich aussah. Ich füllte es in eine farblose Glasflasche, damit man die dunkle Farbe gut sehen konnte. Am Abend nahm ich die Flasche zur Stadtverordnetenversammlung mit und stellte sie vor mich hin. ‚Ei, die Frau G. will einen ausgeben!' meinten meine Kollegen. Als ich mit meiner Anfrage an die Reihe kam, ergriff ich die Flasche mit der braunen Brühe und ging nach vorn in die ‚Bütt', wie man bei uns das Rednerpult nennt. Ich stellte meine Frage nach der Qualität dieses Wassers, die mir doch recht zweifelhaft erschien. Der erste Stadtrat beantwortete die Frage dahingehend, daß das Wasser nur etwas verfärbt sei, weil zur Zeit die Rohre gereinigt und neue Leitungen angeschlossen würden. Die Wasserqualität sei aber in Ordnung und würde laufend überprüft. Noch einmal hielt ich dem Stadtrat die Flasche unter die Nase, die Presse schoß ein Bild für die Zeitung, es herrschte große Heiterkeit in der Versammlung.
Daß meine Demonstration Eindruck gemacht hatte, konnte ich einige Monate später feststellen. Mitglieder der Stadtverordnetenversammlung hatten eine Besichtigungsfahrt zu verschiedenen Wasserwerken unternommen. Ich konnte nicht mitfahren. Bei der nächsten Sitzung brachte mir der erste Stadtrat ein kleines Fläschchen mit, das er mir mit folgenden Worten überreichte: ‚Ich habe mir erlaubt, Ihnen ein Fläschchen Originalabfüllung 1976er H_2O vom Wasserbeschaffungsverband Rhein-Main-Taunus mit der Prüfnummer 60 000 000 (soviel Mark sollen die Anlagen gekostet haben) mitzubringen.' In dem Fläschchen war natürlich kein Wasser, sondern echter Dauborner (Schnaps). Das war doch eine nette Geste, nicht wahr?" (Quelle: Frau D. Giller)

Methode:
- Verwenden Sie Demo-Material und Schaustücke

Ratschläge und Regeln:
- Eine wichtige Regel besagt: Weniger reden, mehr zeigen.
- Schaustücke überzeugen bei Vorträgen, beim Verhandeln und Verkaufen schneller.

Tip für: o **Reklamations-**   o **Außendienstler**
              Sachbearbeiter

122 Rhetorische Formulierungen für die Reklamationsbehandlung

Solange es Menschen gibt, wird es auch immer Fehler geben, die zu Reklamationen führen. Hauptziel jeder Firma, Verwaltung und jedes Dienstleistungsunternehmens sollte deshalb darin liegen, zufriedene Kunden zu haben. Bitte bedenken Sie, daß Sie als Mitarbeiter für den Kunden unter Umständen die Reklamationsabteilung darstellen. An Sie wird er sich dann zuerst mit seinen Beschwerden wenden, und er erwartet Verständnis für seine Schwierigkeiten. Durch Sie hofft er auf eine Lösung seiner Probleme. Um Ihnen hierbei behilflich zu sein, haben wir einige wichtige Kontaktsätze zusammengestellt:

- Es tut mir leid ...
- Bitte entschuldigen Sie ...
- Es muß ein Mißverständnis vorliegen ...
- Ich kann Sie gut verstehen ...
- Es tut uns leid, daß Sie mit der Ware unzufrieden sind ...
- Wir bedauern es sehr, daß die Artikel nicht den gestellten Anforderungen (Ihrem Geschmack) entsprechen ...
- Es tut mir leid, daß Sie Grund zur Beanstandung haben ...
- Sie haben recht, ich würde ähnlich wie Sie reagieren ...
- Es ist gut, daß Sie anrufen, ich kann mich durchaus in Ihre Lage versetzen ...
- Darüber würde ich mich auch ärgern ...
- Wir bedauern es außerordentlich, daß ...
- Bitte entschuldigen Sie, daß uns hier ein Fehler unterlaufen ist ...
- Entschuldigen Sie bitte diese Verzögerung ...

Methode:
- Bei einer Reklamation sofort entschuldigen
- Fehler zugeben

Ratschläge und Regeln:
- Noch nie hat ein Verkäufer einen Streit mit einem Kunden gewonnen.
- Eine gute Reklamationsbehandlung führt oft zu einem Neueinkauf.

123 Der beste Computer sitzt auf Ihren Schultern

In einem Vortrag kürzlich in München sagte die Referentin, daß der Club of Rome ermittelt habe, daß viele Rohstoffe zur Neige gehen. Eines aber ist unerschöpflich, und zwar das Aufnahmepotential des menschlichen Gehirns. Die Kapazitäten sind hier unerschöpflich. Ein interessanter Gesichtspunkt zum Nachdenken. Viele von uns kommen aber vor lauter Hektik nicht zum Denken. Sehr viele Seminarteilnehmer bestätigen klipp und klar: „Ich habe ein schlechtes Gedächtnis." Mit dieser Ausrede liefern sie sich ein Alibi dafür, daß sie gewisse Dinge nicht gut behalten können. Aber es werden auch gar keine Anstrengungen unternommen, um morgen ein besseres Gedächtnis zu haben. Es gibt kein schlechtes Gedächtnis, nur ein untrainiertes! Nehmen Sie sich mehr Zeit zum Denken, und Sie können sicher sein, daß Sie sich Stunden unnötiger Arbeit ersparen. Viele Menschen haben noch nicht erkannt, welches unerschöpfliche Reservoir in ihrem Unterbewußtsein liegt. Eine Quelle, die nur darauf wartet, daß sie angezapft wird.

Methode:

- Zeit nehmen zum Denken
- An das eigene Denkvermögen glauben und es trainieren
- Glaube daran: „Du bist stärker als du denkst!"

Ratschläge und Regeln:

- Versuchen Sie, viel mehr selbst schöpferisch zu arbeiten – es bringt Ihnen viel Spaß und Freude.
- Entdecken Sie Ihre schöpferische Quelle, die in jedem Menschen verborgen liegt.
- Sie können viel mehr, als Sie selbst oft glauben.
- Nehmen Sie Block und Bleistift und fangen Sie an.

124 „Bitte gleich ausschneiden und absenden…"

Sinn und Zweck von Anzeigen sind meistens, einen potentiellen Käufer zu bewegen, Aktivitäten zu entwickeln. Um diese Entwicklung zu unterstützen, befinden sich am Schluß einer Anzeige oftmals Coupons zum Ausschneiden. Die Bausparkasse Mainz z. B. nennt ihren derartigen Coupon „Bauherren-Ratgeber-Coupon". Mit ihm können Kunden Informationen durch Ankreuzen kleiner Kästchen einholen. Zum Schluß steht: „Bitte gleich ausschneiden und absenden."
Wie oft nimmt man sich etwas vor, aber durch eine gewisse Trägheit, einen momentanen Zeitmangel oder durch sonstige Verhinderungen wird der Entschluß verschoben, und die Angelegenheit gerät schließlich in Vergessenheit. Deshalb ist – nicht nur bei Werbeanzeigen – in der Abschlußphase stets ein Appell zum sofortigen Handeln angebracht.

Methode:
- Coupon-System verwenden
- Schlußappell anbringen

Ratschläge und Regeln:
- Verkäufer werden engagiert, um dem Kunden zu einem Abschluß-Entschluß zu verhelfen.
- Das Anbieten von Ware allein nutzt nichts, wenn kein Abschluß in Sicht ist.
- Versuchen Sie, den Kunden zum Handeln zu bringen.
- Als Schlußappell eignet sich z. B. auch ein Geschenk – „Gratis für Sie … als kleines Dankeschön …" (Im obigen Beispiel der Bausparkassen-Anzeige heißt es: „… als Dankeschön für die Rücksendung des ausgefüllten Bauherren-Ratgeber-Coupons: 1. eine umfassende Farbbroschüre „Geld und Haus" mit der Informationsschrift „Das Iso-Span-Haus-Programm", 2. eine Wasserwaage für den angehenden Bauherrn.)
- Versuchen Sie, eine Rundum-Werbung zu betreiben, d. h., ein Werbekonzept zu erstellen, das alle Motivationsmöglichkeiten zu erfassen versucht.
- Coupons sind wichtig für Nachfaßaktionen und bedeuten somit manchmal bares Geld.

125 Mehr Umsatz durch Einkäufer-Sonderservice

Die Schoeller-Eiscreme-Organisation in Berlin stellt den Einkäufern ihrer Abnehmer-Firmen einen besonders angenehmen Service zur Verfügung. Neue Produkte des Sortiments werden kostenlos an diese verteilt! Die Familie des Einkäufers kann diese dann zu Hause in aller Ruhe kosten – und genießen. Eine besondere Freude natürlich für die Kinder, die schließlich einen nicht unerheblichen Anteil am Eiskonsum schlechthin haben!
Der Schoeller-Außendienstmitarbeiter wird dann sicherlich später ein offenes Ohr des Einkäufers finden!

Methode:
- Kostenlose Probenverteilung
- Gewinnung von Einkaufsbeeinflussern
- Optimale Anbiete-Technik

Ratschläge und Regeln:
- Die Einkaufsbeeinflusser spielen eine große Rolle.
- Haben Sie schon einmal daran gedacht, die Familie des Einkäufers zu gewinnen?
- Kostenlose Verteilung von Proben und Mustern bei der Einführung eines neuen Produktes verhelfen zu einem reibungsloseren Verkauf.
- Denken Sie bei Gratisproben besonders an spezielle Schichten der Bevölkerung; bei diesem Eiscreme-Beispiel waren es die Kinder.

145

Tip für: o alle im Verkauf Tätigen

126 Qualität bleibt – der Preis ist schnell vergessen!

In sehr vielen Bereichen haben Verkäufer das Problem, daß der Einwand „zu teuer" gerade in der letzten Zeit aufgrund der Unzahl an Billigangeboten sehr zugenommen hat. Es ist durchaus nicht leicht, diesen Einwand glaubwürdig zu entkräften. Kaufleute sind kühle, scharfe Rechner geworden. Eine Überproduktion überspült den Markt. Dem Käufer ist es oft nicht möglich, sofort die für ihn wichtigen Qualitätsmerkmale beim Kauf zu erkennen. Darum ist es besonders wichtig, den Kunden auf diesen oder jenen besonderen Pluspunkt des Artikels hinsichtlich seiner Qualität aufmerksam zu machen. Hat man diese erwähnt, sollte von seiten des Verkäufers die Feststellung gemacht werden, daß sich im Grunde genommen Qualitätsware immer bezahlt macht, sie ist dauerhafter, langlebiger, unempfindlicher gegenüber Beschädigungen, man hat länger Freude an ihr – sie ist im Fazit rentabler. Der Preis ist bald vergessen, aber die Qualität bleibt!

Methode:
- Geschickte Argumentationsformulierung
- Überzeugen, daß Qualität sich durchaus bezahlt macht

Ratschläge und Regeln:
- Erwähnen Sie stets in geeigneter Form die Qualitätsvorzüge der Ware.
- Vermeiden Sie Streitgespräche mit dem Kunden.
- Vermitteln Sie dem Kunden den Eindruck, er habe vielleicht einen etwas höheren Preis bezahlt, dafür aber echte Qualitätsware erstanden.
- Wer Qualität verkauft, hat – auf Dauer – die zufriedeneren Kunden!

Tip für:	o Verkäufer	o Banken
	o Hotelempfang	o Automietservice
	o Telefonisten/innen	o Buchhändler

127 Namen sind nicht Schall und Rauch

Ein indisches Sprichwort sagt: „Einige willkommenheißende und freundliche Worte mangeln niemals im Hause eines guten Menschen." Und ein amerikanischer Autor sagte: „Der eigene Name ist das schönste Wort für jeden Menschen in jeder Sprache."

Hier ein Beispiel, wie man goodwill und zufriedene Gäste durch die Methode der Namensnennung gewinnen kann:

Ein Wagen fährt vor dem Hotel vor, der Portier empfängt den Gast: „Entschuldigen Sie bitte, wie ist Ihr Name?" (Er wird genannt.) Der Portier ergreift den Koffer und begleitet den Gast zur Rezeption. Dort angekommen, in Gegenwart des Empfangschefs: „Auf Wiedersehen, Mr. Smith!" Nach Erledigung der Formalitäten ruft der Empfangschef den Boy und trägt ihm auf: „Tragen Sie bitte den Koffer von Mr. Smith nach oben – Zimmer 315!" Und zum Gast gewendet: „Ich wünsche Ihnen einen angenehmen Aufenthalt, Mr. Smith!" Schließlich oben im Zimmer angelangt gibt in gleicher Weise der Boy den Namen des neuen Gastes an das Zimmermädchen weiter.

Der Gast wird sich in diesem Hause sofort wohlfühlen!

Methode:
- Persönliche Ansprache
- Mit Namen ansprechen
- Namen zwecks Einprägung vor anderen nennen

Ratschläge und Regeln:
- Durch nichts wird ein Gast/Kunde positiver gestimmt, als durch die sofortige Anrede mit seinem Namen (und natürlich gegebenenfalls mit seinem Titel).
- Trainieren Sie deshalb besonders Ihr Namensgedächtnis.
- Wiederholen Sie den Namen öfter, besonders in Gegenwart anderer Mitarbeiter – dies hilft denen und Ihnen zugleich, sich den Namen genau einzuprägen.
- Unterschlagen Sie keinen Titel; die meisten Menschen sind stolz darauf.

Tip für: o **Hotels**   o **Verkaufsförderung**
           o **Kundendienst**   o **Serviceunternehmen**
           o **Wäschereien**

128 Kundenservice – groß geschrieben

Ein Erlebnis in einem vorzüglich geführten Hotel in Aarbon, übrigens mit einem wunderschönen Blick über den Bodensee, und einem auffallend gut geschulten, entgegenkommenden, kundenorientierten Personal ist mir noch heute – nach vielen Jahren – in Erinnerung:

Beim Kofferauspacken zu Hause stellte ich fest, daß ich versehentlich meinen Morgenmantel in meinem Hotelzimmer hatte hängen lassen. Ich nahm mir vor, dorthin zu schreiben, kam aber dann aus Zeitmangel nicht sofort dazu. Nur kurze Zeit später brachte mir der Postbote ein Paket aus der Schweiz. Inhalt: Mein Morgenmantel, dazu noch frisch gewaschen und gebügelt! Schon oft habe ich dieses Hotel weiter empfohlen. Könnte irgendeine Werbemaßnahme wirksamer sein?

Methode:
- Persönlicher Dienst am Kunden
- Sich positiv in Erinnerung bringen
- Gast/Kunden in den Mittelpunkt stellen
- In Kontakt bleiben

Ratschläge und Regeln:
- In einer Zeit, in der sich die Produkte und die Dienstleistungen immer ähnlicher werden, gewinnt der Service mehr und mehr an Bedeutung.
- Serviceleistungen sollen angepriesen werden, aber sie dürfen nicht nur auf dem Papier stehen. Die Realität muß den Ankündigungen standhalten.
- Kundenservice endet nicht unbedingt, wenn der Gast/Kunde das Haus verlassen hat.
- Dafür erforderliche Zeit- und Kostenaufwände sollten nicht gescheut werden – sie machen sich bestimmt bezahlt!

Tip für:	o **Telefonzentrale**	o **Organisationsabteilung**
	o **Einzelhandel**	o **Dienstleistungs-**
	o **Versandhandel**	**unternehmen**
	o **Industriefirmen**	o **Innendienst**
	o **Handelsvertreter**	

129 Ist auch bei Ihnen „keiner zuständig"?

Während meiner verschiedensten Zusammenarbeiten mit Verkäufern im Außendienst habe ich oft von Kunden gehört, daß sie sich beklagten: „Wenn man bei Ihnen in der Firma anruft, weiß keiner genau, wer eigentlich zuständig ist." Diese häufige Beschwerde kann ich selbst aus eigener Erfahrung nur bestätigen. Es beginnt schon bei der Telefonzentrale: Die Telefonistin weiß oft nicht, mit wem sie den Anrufer ordnungsgemäß verbinden muß; so probiert sie es auf gut Glück beim Nächstbesten. Dieser erklärt seine Unzuständigkeit und verbindet entweder weiter oder zurück zur Zentrale. Das Spiel beginnt von neuem. Bemüht sich der Kunde persönlich in die Geschäftsräume des Unternehmens, geschieht es nicht selten, daß er mit seinem Anliegen von einem Zimmer zum anderen, von einer Instanz zur anderen komplementiert wird. Daß solche Verfahren nur Verärgerung beim Kunden hervorrufen, liegt wohl klar auf der Hand.

Methode:
- Zuständigkeit transparent machen
- Daran denken, daß die Telefonvermittlung Ihre Visitenkarte ist
- Lassen Sie nur gelernte und informierte Kräfte in der Telefonzentrale arbeiten
- Telefon-Trainingsseminare lohnen sich

Ratschläge und Regeln:
- Erstellen Sie eindeutige Zuständigkeitslisten der einzelnen Mitarbeiter im Hause und sorgen Sie für deren stete Aktualität.
- Besonders die Telefonvermittlung muß die Kompetenzen der einzelnen Mitarbeiter kennen, um richtig „schalten" zu können.
- Praktisch: Auf Ihren Briefköpfen eine Rubrik vorsehen „zuständig ist ..." (möglichst mit Telefondurchwahlnummer).

130 Hinter der Uniform steckt ein Mensch – aber welcher?

Die Umgebung sowie auch die Kleidung kann auf den Verhandlungspartner eine sehr große Wirkung und damit einen Einfluß haben. Für die Wirtschaftsakademie in Kiel mußte ich ein zweitägiges Seminar für Bundeswehroffiziere in Schleswig durchführen. Nach ersten Passierschwierigkeiten an der Pforte gelang es mir, zum Vortragsraum zu kommen. Die Bänke und Stühle mußten erst alle umgeräumt werden, um einen Frontalunterricht zu erreichen. Die Bundeswehrsoldaten trugen natürlich alle Uniformen, nur ich stand vorn ohne ... Uniform! Einen ganzen Tag mußte ich ringen, um überhaupt mit der Gruppe Kontakt zu bekommen. Es gelang mir nur knapp und unzureichend. Abends im Hotel war ich fix und fertig und überlegte lange, woran das wohl liegen konnte – bis ich die Entdeckung machte: Es ist die Uniform! In meinen anderen Seminaren habe ich in jeder Gruppe von Teilnehmern mehrere Differenzierungsmerkmale, schon allein durch die Kleidung. Hier, durch die Einheitlichkeit der äußeren Erscheinung, war es mir unmöglich, in so kurzer Zeit das Individuelle des einzelnen zu erkennen. Ich hätte es niemals für möglich gehalten, daß derartige Schranken einen Referenten dermaßen beeinflussen können!

Methode:
- Vorinformationen einholen
- Namen, Beruf und persönliche Daten erfragen
- Individuellen Sprechkontakt herstellen

Ratschläge und Regeln:
- Bei Uniformträgern (auch andere Berufskleidung, wie beispielsweise bei Ärzten, Krankenschwestern) ist die Herstellung eines persönlichen Kontaktes schwieriger als bei „Zivilisten".
- Versuchen Sie deshalb in einem solchen Falle, vor Beginn der Begegnung Einzelheiten über die Teilnehmer (Namen, Tätigkeitsbereich, Dienstgrad, besondere Merkmale persönlicher Art) herauszufinden.
- Eine weitere Kontaktmöglichkeit: Begrüßung per Handschlag, verbunden mit einigen persönlichen Worten (bei nicht zu großem Auditorium).

Tip für:	o **Selbständige**	o **Verkäufer**
	o **Firmeninhaber**	o **alle Branchen**
	o **Verkaufsleiter**	

131 Geschäftskontakt bringt Kontaktgeschäft

Vor lauter Arbeit, Mühe und Plage Tag für Tag, Monat für Monat, Jahr für Jahr kommen viele Geschäftsleute oft nicht aus den eigenen vier Wänden heraus. Und das ist bedauerlich!

Ein Beratungskunde von mir in St. Peter-Ording beklagte diesen Umstand besonders, und ich schlug ihm daraufhin vor, doch zu versuchen, einen Tag im Monat als „Kontaktabend" einzuplanen. Sich einen Abend in vier Wochen die Zeit zu nehmen, andere Geschäftsleute oder Kollegen in der kleinen Stadt aufzusuchen, mit ihnen über deren Probleme, Erfahrungen, Pläne, Wünsche zu reden; den Gedankenaustausch zu pflegen, die Probleme der anderen zu hören und aus ihren Erfahrungen und Erkenntnissen zu lernen. Natürlich mußten diese Gesprächspartner erst nach und nach von den Vorteilen einer solchen Vorgehensweise überzeugt werden. Nach einigen Treffen stellten sich aus diesen Abenden aber doch Verbindungen her, die zu neuen geschäftlichen Aktivitäten führten. Denn ein Gedankenaustausch, wie immer er geartet sein mag, bringt immer wieder neue Impulse und Motivationen für jeden daran Beteiligten!

Methode:
- Gedankenaustausch mit Kollegen
- Kontaktauf- und -ausbau
- Tapetenwechsel
- Erforschung: Was und wie machen es die anderen?

Ratschläge und Regeln:
- Vergraben Sie sich nicht in Isolation, nehmen Sie sich auch einmal Zeit, Kontakte mit anderen Geschäftskollegen zu knüpfen und zu pflegen.
- Geben Sie freimütig Ihre eigenen Erfahrungen und Erkenntnisse weiter; Sie erhalten dafür mit Sicherheit andere wertvolle Ideen und Anregungen für Ihre eigene Praxis.
- Notieren Sie alle empfangenen Impulse: Eines Tages werden Sie diese vielleicht – wenn auch in leicht abgewandelter Form – für sich auswerten können!

132 Kostenlose Schulungen bringen Erfolg

Es ist klar, daß jeder Geschäftsmann aus jeder Dienstleistung oder der angebotenen Ware einen Gewinn erzielen will und muß. Trotzdem kann es aber doch manchmal lohnend sein, erst einmal durch einen kostenlosen Service dem Kunden den Beweis zu erbringen, daß man wirklich Wert darauf legt, für ihn tätig sein zu können.

Als Verkaufstrainer habe ich schon manchen Kunden dadurch gewonnen, daß ich ihm meine Bereitschaft zeigte, eine kostenlose Schulung für ihn durchzuführen. Dadurch konnte ich einen persönlichen Dienst erweisen und hatte Gelegenheit, „Mitempfehler" für meine Belange zu gewinnen. Noch heute habe ich Kunden, die ich inzwischen jahrelang betreue, die ich auf der Basis des ersten „kostenlosen Schrittes" gewonnen habe.

Methode:
- Kundenhilfe
- Kostenlose Einführung
- Probeveranstaltung, Demonstration, Probeverkostung

Ratschläge und Regeln:
- Geben Sie Kunden eine Chance, Sie zu testen.
- Wer gewinnen will, muß auch bereit sein, erst zu investieren.
- Praktische und persönliche Erprobung einer Dienstleistung verhilft dazu, einen Kunden eine Entscheidung treffen zu lassen.
- Unterschätzen Sie in unserer unpersönlichen Zeit nicht die Wirkung von kleinen Gefälligkeiten. Man begegnet im Geschäftsleben zu wenig Menschen-Freundlichkeit.

Tip für:	o Kundendienst	o Auftragsannahme
	o Verkaufsleiter	o alle Branchen
	o Innendienst	

133 Schnellere Abwicklung bringt mehr Umsatz

Unterbreiten Sie Ihre Angebote rascher, verringern Sie Ihre Lieferzeiten, bearbeiten Sie Reklamationen schneller – und Sie werden so mehr verkaufen!

Der Verlag TIME LIFE reduzierte die Lieferzeiten der zur Ansicht bestellten Bücher um 50 % und konnte dadurch den Absatz um 17 % erhöhen. Ein Teppichhersteller versandte vom Kunden angeforderte Farbmuster nicht mehr mit der Normalpost, sondern per Expreß am gleichen Tage und konnte so die Bestellquote um 55 % steigern.

Methode:

- Mehrverkauf
- Schnell-Serviceeinrichtungen
- Prompte und schnelle Abwicklung

Ratschläge und Regeln:

- Schnelligkeit macht sich umsatzmäßig bezahlt.
- Differenzieren Sie sich von Ihren Mitbewerbern auch bei der Geschwindigkeit in der Geschäftsabwicklung.
- Überlegen Sie, wie Sie Ihre Kunden noch rascher bedienen und zufriedenstellen können, denn auch bei Geschäftsanbahnungen und -abwicklungen gilt: Man muß das Eisen schmieden, solange es heiß ist.

134 Die Ware ist ausverkauft

Während eines Seminars der Produktivitätszentrale in Saarbrük-
ken erzählte mir ein Teilnehmer folgendes:
„Wir haben in Düsseldorf an einer Modemesse teilgenommen.
Alle Aussteller klagten über das Desinteresse vieler Einkäufer.
Auch uns ging es nicht anders. Wir entschlossen uns daraufhin, ein
Schild anzubringen mit dem Hinweis: ‚Ausverkauft'. Wir waren
selbst erstaunt, wie viele potentielle Kunden plötzlich zu unserem
Stand kamen und fragten, ob sie nicht doch noch etwas bekommen
könnten. Natürlich waren wir entgegenkommend! Der Umsatz
stieg erheblich."

Methode:
- Interesse wecken
- Produkte „rar" machen
- Angebot knapp halten

Ratschläge und Regeln:
- Menschen wollen meist das, was sie nicht bekommen kön-
  nen.
- Prägnante Aussagen auf Schildern wecken Neugierde und
  Wünsche.
- Versuchen Sie, Ihr Angebot knapp zu halten und bieten Sie
  nicht immer gleich eine sofortige Lieferung an (Rarheits-
  prinzip).
- Denken Sie öfter einmal daran, welche psychologischen
  Kniffe Sie anwenden könnten, um den Kauf erstrebens-
  werter zu machen.

135 Schnitzer bauen Fehler ein

Als ein in Afrika Geborener schätze und bewundere ich die philosophische Weisheit, die Ursprünglichkeit und die lebensnahe Einstellung vieler Schwarzer. Die Schnitzer zum Beispiel besitzen sehr viel Phantasie, Ausdauer und Geduld sowie einen relativ großen psychologischen Durchblick. Wenn sie einen Kopf schnitzen, werden sie ihn bewußt nicht etwa perfekt vollenden, sondern irgendwo einen kleinen Fehler „übersehen". Sie tun dies aus der Betrachtung heraus, daß nur Gott perfekt ist.

Ich finde diese Betrachtungsweise für unseren Alltag sehr wichtig, denn eine zu große Perfektion ist in vielerlei Hinsicht nicht immer unbedingt erstrebenswert.

Methode:
- Erkenntnis: Das Menschliche darf uns nicht verlorengehen

Ratschläge und Regeln:
- Diese kleine Geschichte erzähle ich oft, wenn bei irgend jemandem etwas „schiefgegangen" ist.
- Genauigkeit ist gut, Superperfektion nicht immer.
- Versuchen wir doch, menschliche Versehen menschlicher zu sehen und zu beurteilen. Wir sind doch alle nur Menschen!
- Einen Fehler stehenzulassen oder zu machen, gibt dem anderen die Möglichkeit, hilfreich zu sein – ein guter Anknüpfungspunkt für ein Gespräch ...

Tip für: ○ **Bestattungsinstitute** ○ **Verkäufer**

136 An Prestigebedürfnisse appellieren

Anläßlich eines RKW-Seminars vor einiger Zeit in Ludwigshafen erzählte mir ein Teilnehmer, daß er kürzlich einen Grabstein für DM 5000,– verkauft habe. Ein ganz schöner Gewinn, wenn man bedenkt, daß er diesen Stein billig auf dem Lande besorgte und für die entsprechende Skizze nur DM 800,– bezahlte. Dieser Herr kannte sich in der Psychologie aus. Der betreffende Kunde nämlich, ein Metzgermeister, bzw. dessen Familie, wollte auf dem Friedhof unbedingt den größten Stein auf dem Familiengrab haben, und Geld sollte keine Rolle spielen. Diesem Wunsch kam er entgegen. In kleineren Gemeinden findet man oft eine große Rivalität unter den Bürgern. Optische Signale spielen dabei eine wichtige Rolle, wenn es gilt, den Prestigebedürfnissen entgegen-zukommen. Menschenkenntnis, eigene Ideen und günstige Be-zugsquellen sind oft gute Grundlagen für geschäftliche Erfolge.

Methode:
- Beachtung von entsprechenden Prestigebedürfnissen
- Kostensparende Bezugsquellen ausnutzen

Ratschläge und Regeln:
- Haben Sie offene Ohren für eventuell vorhandene Pre-stigebedürfnisse.
- Achten Sie, besonders in ländlichen Verkaufsbezirken, auf die gesellschaftliche Strukturierung der Bewohner und die damit verbundenen persönlichen Bedürfnisse der einzel-nen Kunden.
- Sprechen Sie bewußt das Image des Kunden an.
- Halten Sie die eigenen Aufwendungen so niedrig wie möglich, um den Gewinn zu erhöhen.

Tip für:	o alle im Verkauf Tätigen	o Führungskräfte
	o Chefs	o Unternehmer
		o freiberuflich Tätige

137 Zeit zum Nachdenken – schöpferische Pause

Trotz eines gefüllten Terminkalenders, verplanter Zeit fast rund um die Uhr und eines organisierten Arbeitspensums vom 1. bis 31. Tag eines Monats sollten Sie doch ab und zu einmal eine gewisse Zeit einplanen, in der Sie in Ruhe über Ihr Berufsleben nachdenken können. Man glaubt zwar immer, diese Zeit einfach nicht aufbringen zu können, aber gelegentlich ist dies schon einmal möglich. Wenn Sie beispielsweise im Flugzeug oder im Zug sitzen und vielleicht eine mehrstündige Reise vor sich haben, wäre das doch schon eine Gelegenheit, einmal über neue strategische Konzepte nachzudenken, oder über bessere Organisationsmöglichkeiten, über Rationalisierungsmaßnahmen, technische Verbesserungen, Werbeaktionen oder anderes mehr.

Ein mir gut bekannter Unternehmer durchdachte z. B. während eines zwölfstündigen Geschäftsfluges seine Verkaufsorganisation. Er kam mit einem veränderten Konzept nach Hause, führte es durch ... und erzielte damit einen um 23 % höheren Umsatz!

Methode:
- Denkpausen einplanen
- Terminvereinbarung mit sich selbst

Ratschläge und Regeln:
- Jeder Mensch sollte ab und zu eine Denkpause einlegen.
- Er sollte diese zu kreativem Denken ausnutzen.
- Abschalten von der Routinearbeit bedeutet vielleicht einen momentanen Zeitverlust, andererseits aber sicher häufig einen Zugewinn an neuen Ideen und Strategien, die gewinnbringend sein können.

138 Ist Ihr Telefon von einem „Kunden-Muffel" besetzt?

Wie oft ruft man bei einer Firma an und hört: „Ich kann Ihnen nichts sagen, ich vertrete hier nur (oder … ich bin hier neu, oder … nur vorübergehend hier …)." Meistens wird dieser Satz dann auch noch mit dem Hinweis: „Rufen Sie doch später (morgen, nächste Woche) noch mal an" ergänzt.

Das sind wirklich Anti-Verkaufsmethoden, die dennoch (leider) täglich vorkommen. Viel besser wäre doch eine aufgeschlossene Dame, die etwa folgende Formulierung verwendet: „Herr X ist zur Zeit nicht anwesend, aber vielleicht kann ich Ihnen helfen?" Oder: „Bitte geben Sie mir Ihre Telefonnummer und ich werde dafür sorgen, daß Herr Y Sie wieder anruft." Oder: „Vielen Dank für Ihre Anfrage, ich werde mich darum bemühen und zurückrufen, sobald ich Ihnen genaueres sagen kann."

Methode:
- Telefonzentrale ist die Visitenkarte des Unternehmens
- Hilfsbereitschaft – auch am Telefon

Ratschläge und Regeln:
- Bedenken Sie bei der Besetzung Ihrer Telefonvermittlung: Sie ist die Visitenkarte Ihres Hauses!
- Die beste und teuerste Werbung nutzt nichts, wenn ein Kunde am Telefon bereits eine solch unpersönliche Behandlung erfährt.
- Überprüfen Sie die Arbeit Ihrer Telefonistin einmal und geben Sie ihr wenn nötig, konkrete Anweisungen über das „Verhalten am Telefon".
- Schließlich gibt es auch Telefon-Trainingsseminare.

Tip für: o **Verkäufer**   o **Kundenservice**
              o **Außendienstler**   o **Textilhandel**
              o **Verkaufsleiter**

139 Service après vente

Während eines RKW-Seminars sprachen wir über die Bedeutung von Service und Merchandising nach dem Verkauf. Herr Maasen, Geschäftsführer einer Textilfabrik, sagte damals, daß die Franzosen den Ausdruck haben „Service après vente" – „Kundendienst nach dem Verkauf" und ihn für äußerst wichtig halten. Nur die Dauergeschäfte sind bedeutsam und nicht die schnellen Verkäufe. Deshalb darf das Verkaufen auch nicht mit dem getätigten Kaufabschluß aufhören. Der Verkäufer hat die Verpflichtung, dafür zu sorgen, daß der Kunde das bekommt, was er wünscht. Außerdem sollte er ihn danach, wenn sich dazu die Notwendigkeit und Gelegenheit ergibt, noch weiter betreuen. Früher war der Hineinverkauf wichtig, heute ist der Abverkauf mindestens ebenso wichtig. Denken Sie also: Service après vente!

Methode:
- Kundenservice – auch nach dem Kaufabschluß

Ratschläge und Regeln:
- Nicht das einmalige, sondern das langfristige Geschäft ist wichtig.
- Überlegen Sie sich nach dem Kaufabschluß, wie Sie dem Kunden auch weiterhin behilflich sein könnten.
- Durch kleine Service-Leistungen binden Sie den Kunden an sich.
- Verstärken Sie damit den Kundenkontakt.

140 Visueller verkaufen

In den letzten Jahren nahm die Verkaufsförderungsaktivität erheblich zu. Gute Fachleute auf diesem Gebiet werden deshalb überall gesucht. Man hat heute erkannt, daß man nicht nur die Produkte, sondern auch Ideen verkaufen muß. Durch zunehmendes Fernsehen, gute Bildreportagen usw. sind viele Leser „faul" geworden, und ihr verwöhntes Auge liest immer weniger gern, insbesondere Kleingedrucktes.
Verkaufsmappen, Prospekte und Broschüren sollten also möglichst gut bebildert sein, damit der Verkauf auf visuellem Wege stattfindet. Die meisten Markenartikelfirmen statten deshalb ihre Verkäufer mit attraktiven, visuellen Hilfsmitteln für die Gesprächsführung aus. Ein wichtiger Trend, den man beachten sollte.

Methode:
- Visualisieren
- Einsatz von Fotos und bildlichen Darstellungen

Ratschläge und Regeln:
- Weniger reden – mehr zeigen.
- Eine der besten Gesprächseröffnungen ist, dem Kunden sofort etwas visuell Wahrnehmbares zu zeigen.

| Tip für: | o **Versicherungs-** | o **Verkäufer** |
| | **verkäufer** | o **Druckereien** |

141 Lassen Sie sich weiterempfehlen

Die Praxis zeigt immer wieder, daß man sich selbst schlecht weiterempfehlen kann. Wie könnte man sich auch selbst anpreisen, ohne in den Verdacht zu kommen, sich zu überschätzen, arrogant und überheblich zu sein? Nein, dazu benötigen wir andere, die „für uns sprechen"!

Die Versicherungsvertreter versuchen z. B. oft, nach einem Geschäftsabschluß dem neuen Kunden noch eine weitere Adresse von Freunden oder Bekannten zu „entlocken". Ausgerüstet mit dieser Anschrift kann der Versicherungsvertreter nun weiterarbeiten, wie nach dem Schneeball-System. Der neugewonnene Kunde ist dann auch meistens bereit, die Versicherung weiterzuempfehlen. Allein die Tatsache, daß er ja auch diese oder jene Versicherung abgeschlossen hat, genügt manches Mal schon, daß auch der nächste, von ihm genannte Mann ebenfalls eine Versicherung bei dem Vertreter abschließt.

Methode:
- Weiterempfehlung
- Mundpropaganda

Ratschläge und Regeln:
- Überlegen Sie, ob und welche Weiterempfehlungs-Möglichkeiten Sie für Ihr Unternehmen installiert haben.
- Vielleicht sollten Sie sich auf Ihren Visitenkarten den Satz drucken lassen: „Empfohlen von: . . ." (mit Unterschrift eines zufriedenen Kunden versehen).
- Sammeln Sie schon heute Referenzen, Zeugnisse und Empfehlungen zufriedener Kunden für morgen!

142 Werbeidee in Intercity-Zügen

Herr Horst Strache schreibt in „Einkäufer im Markt" folgendes:
„Die Werbung geht ständig neue Wege. Sie haben sicher davon
gehört, daß in den Intercity-Zügen die Schreibsekretariate aufge-
löst werden müssen, weil sie unrentabel sind. Es haben nämlich
nur noch wenige dieses Serviceangebot genutzt. Technischer Fort-
schritt kam dazu, denn inzwischen hat die Bundespost wohl – vielleicht unter der Doppelministerschaft von Herrn Gescheidle gezielt – einen selbständigen Telefonautomaten für das Zugtelefon
entwickelt. Es wird also mit dem Auflösen des Sekretariats nicht
der Komfort eines fahrenden Telefonats aufgegeben werden.
Aber für so ein Telefon braucht man kein ganzes Abteil. Was also
mit dem Abteil tun? Man verkauft es an die Löwen unter den Wer-
benden.
So hat die Firma IBM einen ersten Versuch gestartet. In einer
Zeitspanne von 10 Tagen nämlich fuhren im Mai auf der Strecke
Stuttgart-Hamburg nicht nur Reisende im Zug, sondern auch die
vielleicht „kleinste Messe", denn IBM stellte in einem Zugabteil,
das man gemietet hatte, den Tischcomputer IBM 5120 den Ge-
schäftsreisenden vor.
Das Konzept ist nicht schlecht. Man reist und hat bei der Gelegenheit gleichzeitig den Zeitvorteil, sich mit einem Organisationspro-
blem demonstrativ auseinanderzusetzen . . ."

Methode:
- Verkaufspräsentation
- Mobile Messe
- Produktausstellung

Ratschläge und Regeln:
- Suchen Sie neue Werbeideen.
- Messe-Präsentationen sind empfehlenswert.

143 Fotos verkaufen mehr

Die Aussage „Weniger reden und mehr zeigen" gehört zu den goldenen Regeln im Verkauf. Leider wird diese Regel aber nicht in ausreichendem Maße angewendet. Für die sechs Taschenbücher über die Thematik „Reden und Verkaufen" (Verkäuferausbildungspaket, verlag moderne industrie, Landsberg) hatten wir eine Bestellkarte angefertigt. Auf der einen Seite der Karte wurden die sechs Taschenbücher mit den Titeln und Seitenzahlangaben aufgeführt. Auf der anderen Seite stand unsere Anschrift und natürlich auch der Adressenvordruck für den Absender sowie Freiraum zum Eintragen der gewünschten Menge der einzelnen Exemplare. Diese Bestellkarte zeigte ich einem Geschäftsfreund, Herrn Horst Sven Berger vom Programm-Service, Audiovisuelle Hilfsmittel für Schulung und Training. Er fragte mich spontan: „Wo ist das Foto?" Ich überlegte kurz und wußte, daß er recht hatte. Deshalb versuche ich nun stets, für Werbeprospekte und ähnliches Fotos einzusetzen.

Methode:
- Fotos sagen mehr
- Visualisierung
- Richtige Werbetechnik

Ratschläge und Regeln:
- Ein Bild sagt mehr als 1000 Worte, sagten schon die weisen Chinesen vor vielen Jahrhunderten.
- Texte sind zwar schneller produzierbar, aber weniger eindrucksvoll.
- Don't write, photograph! würden die Engländer sagen.
- Die Bildtechnik ist auch zu empfehlen, wenn es um Mitteilungen geht, die in der Presse unter „Personalien" erscheinen.

Tip für:	o **Kundenempfang**	o **Rechtsanwälte und**
	o **Behörden**	**Notare**
	o **Arzthelferinnen**	

144 „Sie sollen noch draußen warten ..."

Wir besuchten vor kurzer Zeit einen Notar, mit dem wir einen Termin vereinbart hatten. Dieser Herr ist sehr selbstsicher in seinem Auftreten, schnell ungeduldig und nicht unbedingt ein guter Zuhörer. Diese Hektik und beinahe schon Unhöflichkeit macht sich leider auch bei seinen Angestellten bemerkbar.

Unser Termin war für 14 Uhr vereinbart. Wir waren etwa fünf Minuten früher dort. Die Empfangsdame stoppte uns sofort in der Tür mit dem Befehl: „Sie sollen noch draußen warten!"

Meine Frau und ich trauten unseren Ohren kaum! Sofort sprachen wir über diese unhöfliche Formulierung. Wieviel netter hätte es geklungen, wenn die Empfangsdame uns freundlich gesagt hätte: „Bitte seien Sie so nett und nehmen Sie noch kurz draußen Platz!" Oder: „Der Herr Notar hat gleich Zeit für Sie, wenn Sie sich bitte draußen im Wartezimmer noch einige Minuten gedulden wollen ..."

Aber durch diesen Befehlston verärgert gingen wir schon mißgestimmt zum Herrn Notar in den Verhandlungsraum. Eine ruhige, fachliche Beratung hätte vielleicht alles noch retten können, als aber dann auch diese nicht stattfand, gingen wir am nächsten Tag zu einem anderen, höflicheren Notar.

Methode:
- Höflichkeit

Ratschläge und Regeln:
- Da die Menschen immer sachlicher werden, gewinnen Entgegenkommen und Freundlichkeit täglich an Bedeutung.
- Es kommt nicht nur darauf an, was man sagt, sondern wie man es sagt.
- Freundlichkeit und Höflichkeit erleichtern den Umgang mit den Menschen ganz erheblich.

145 Erledige einfache Aufgaben außerordentlich gut!

Herr Post, der amerikanische Erfinder des Frühstücksgerichts „Post-toasties" prägte den Ausdruck für Erfolg: „Doing common things uncommonly well". Jeder Mensch kann vieles noch besser erledigen, als er es tut. Oskar Schellbach drückt es so aus: „Richtig machen bringt Erfolg, falsch machen bringt Mißerfolg." Sorgfalt und eine exakte Erledigung der einfachsten Aufgaben lohnt sich. Viele Großunternehmen sind durch einfache Ideen entstanden:

- Wienerwald – knusprige Hähnchen
- McDonalds – leckere Hamburger
- Coca-Cola – Erfrischungsgetränk für jedermann
- Neckermann – Versandhandel
- Aldi – preiswerte Produkte usw.

Die Japaner haben viele Jahre nur europäische Produkte kopiert. Heute sind sie nicht nur in ihren Betrieben hochmodernisiert, sondern jeder Japaner ist zudem auch selbst darauf bedacht, hohe Produktqualität zu liefern. Denke daran: Es gibt nichts, was nicht noch besser durchdacht und erledigt werden kann.

Methode:
- Richtige Arbeitsmethodik
- Top-Service
- Qualitätsarbeit

Ratschläge und Regeln:
- Erledige auch die einfachste Aufgabe außerordentlich gut.
- Richtig machen bedeutet Erfolg.
- Versuchen Sie, jede Arbeit noch ein wenig besser zu erledigen.
- Scheuen Sie kein Mittel und keinen Weg, den Kunden noch besser zu bedienen.

146 Die Produkte werden sich immer ähnlicher

Wenn Sie die auf dem Markt befindlichen Produkte einmal miteinander vergleichen, finden Sie sicherlich heraus, daß sie sich immer
ähnlicher werden. Erfolgbringende Produkte werden schnell
nachgeahmt. Wo liegen also die Differenzierungsmöglichkeiten
für einen Anbieter?
In den außergewöhnlichen Vorteilen des Produktes?
Auch wenn die Produkte in ihrer Qualität oft gleich erscheinen
(wobei sie es bei genauerer Prüfung gar nicht einmal sind!), ist dies
noch lange kein Grund dazu, daß auch die Vertreter sich gleichen!
Menschen sind indifferent, auch die Einkäufer natürlich! Es gibt
mindestens 20 Verkäuferklassifizierungen und nicht alle sind
gleich sympathisch. Wenn sich die Produkte aber schon gleichen,
dann ist es doch wohl anzunehmen, daß man eher und bevorzugt
von dem sympathischeren Verkäufer kauft, oder?

Methode:
- Kunst, sich zu differenzieren
- Persönliche Ausstrahlung und sympathieweckendes Auf-
  treten
- Kundenorientiertes Verhalten

Ratschläge und Regeln:
- Sympathische Verkäufer verkaufen mehr!
- Unterscheiden Sie sich von anderen Verkäufern, indem Sie
  versuchen, durch gepflegtes Auftreten, kundenorientiertes Denken, erhöhte Hilfsbereitschaft, und anderes mehr,
  die Sympathie Ihres Kunden zu erringen.

147 Beharrlichkeit – das Geheimnis der Erfolgreichen

Persönlicher Erfolgswille und Ausdauer gehören zu den Erfolgsprinzipien der Erfolgreichen! Ideen und Inspirationen wahrzunehmen ist leicht – sie in die Praxis umzusetzen schwierig. Die Biographien erfolgreicher Frauen und Männer zeigen uns, daß diese Menschen ihren Zielen stets treu blieben und durch Ausdauer, Fleiß und Beharrlichkeit letzten Endes ihr Ziel erreichten.

Schade, daß sich heute so viele Menschen keine eigenen, persönlichen Ziele setzen und zu wenige versuchen, sie allen Hindernissen zum Trotz auch wirklich zu erreichen. Dabei gäbe es genügend lohnende Ziele für jeden einzelnen! Zum Anfangen reicht es zwar bei vielen, aber zum Durchhalten nur bei den wenigsten.

Gerade im Verkauf muß jeder wissen, daß Kundengewinnung Zeit und Mühe kostet – wer aber bereit ist, durchzuhalten, wird irgendwann den erhofften Erfolg erleben. Heute besteht mehr denn je die Gefahr der Zersplitterung und der Verzettelung. Viele Anregungen, Impulse und Ideen sowie die Wünsche (eigene und fremde) zehren an unserem Zeitetat und machen eine Realisierung vieler angefangener Arbeiten häufig unmöglich. Versuchen Sie deshalb immer wieder, durch eine präzise und durchdachte Zielsetzung Ihren Blickradius einzuengen, damit er überschaubar und so auch realisierbar wird. Wir benötigen Selbstdisziplin, Ausdauer und Bereitschaft, um uns brennpunktartig auf jeweils ein Ziel zu konzentrieren und es in die Wirklichkeit umzusetzen. Erst dann sollten Sie sich dem nächsten neu gesteckten Ziel zuwenden, wieder mit der gleichen Energie, der gleichen Ausdauer, dem gleichen Erfolgswillen!

Methode:
- Ausdauer und Erfolgswille
- Beharrlichkeit

Ratschläge und Regeln:
- Erfolg kommt nicht von ungefähr, sondern er erfordert Fleiß, Beharrlichkeit, Ausdauer und Erfolgswillen.
- Nur faule Menschen wollen alles auf einmal erledigen.
- Der Mensch sollte seine Wunschgrenzen erkennen. Er kann nicht alles auf einmal erledigen und erreichen.
- Ideen von heute schaffen Arbeitsplätze für morgen.

Tip für:	o **Einzelhandel**	o **Fachhandel**
	o **Warenhäuser**	o **Architekten**

148 Parkprobleme kosten Kunden

Der städtische Einzel- und Fachhandel verliert zunehmend Kunden, die günstiger in Supermärkten am Stadtrand oder außerhalb der Stadt kaufen. Dort sind die Parkmöglichkeiten besser! Die dort zur Verfügung stehenden kleinen Einkaufswagen erleichtern den Transport der gekauften Sachen auch zu einem etwas entfernter geparkten Wagen, ohne das lästige Schleppen einzelner Päckchen, Tüten, Rollen und Pakete.

Die Geschäftsleute in den Innenstädten bemühen sich ständig, neue Mittel und Wege zu finden, ihren Kunden bessere Möglichkeiten für den „Abtransport" der gekauften Ware zu bieten. Die immer häufiger entstehenden Fußgänger-Zonen sind zwar sehr hübsch anzusehen und sie vermitteln auch mehr Lebensqualität in den Städten, für die vorgenannten Bemühungen der Geschäftsleute in der City sind sie aber ein großes Handicap. Oft wird ihnen gegenüber geäußert: „Ich kaufe lieber bei XYZ, die haben eigene Parkplätze." Leider sind in der Innenstadt nicht sehr viele Ladenbesitzer in der glücklichen Lage, Parkplätze „mitzuliefern". Einige Hilfsmittel sind dann: Beteiligung an den Parkplatzgebühren in den Parkhäusern oder Tiefgaragen in der Nähe, in Form von Inzahlungnahme der Gebühren bei Käufen, oder auch die Bereitstellung von kleinen Einkaufswagen, mit denen die Kunden dann ihre Einkäufe bis zu ihren Pkws fahren können.

Methode:
- Parkplatzplanung
- Parkgebühr-Beteiligung (Gutscheine)

Ratschläge und Regeln:
- Display-Aufsteller, Reklameschilder, Werbung in jeder Form ist gut, nur leider nicht adäquat bei einer Lösung des Parkplatzproblems. Deshalb müssen Überlegungen angestellt werden, ob und in welcher Weise das Parkplatzproblem anderweitig gelöst werden kann, und sei es nur durch Erleichterung der Unannehmlichkeiten, die für den Kunden beim Kauf verbunden sind. Zum Beispiel durch Lieferung der gekauften Waren jede volle Stunde an einen bestimmten Parkplatz.

149 Ein Glückspfennig wünscht Ihnen viel Erfolg

Die Firma Graphische Fachberatung Hautmann in Babenhausen
ist dafür bekannt, daß sie immer neue Ideen hat! Herr Dieter
Hautmann entwickelte u. a. eine Visitenkarte mit Klappfolie.
Auf der Innenseite ist ein Pfennig aufgeklebt mit dem Text: „Viel
Glück, Erfolg und Gesundheit für Sie!"
Er sagte mir, daß diese Visitenkarte mit dem Glückspfennig ihn
stets in positive Erinnerung bringt.

Methode:
- Originalität entwickeln
- Interessante Visitenkarten konzipieren

Ratschläge und Regeln:
- Originelle Visitenkarten lohnen sich immer.
- Sammeln Sie Visitenkarten, um Ideen und Vorschläge für
  die Gestaltung Ihrer eigenen Visitenkarten zu erhalten.
- Ihre Visitenkarte sollte vor allem zu Ihrem Fachbereich
  passen.
- Die Idee mit dem Glückspfennig läßt sich natürlich auch
  für Geburtstagskarten oder Glückwünsche zum Neuen
  Jahr verwenden.

150 „Soso" erspart eine direkte Stellungnahme

Kunde: „Die Firma XY ist kurz vor der Pleite! Ich habe immer schon so etwas geahnt! Viele reden davon. Kein Wunder, bei dieser Preispolitik ..." (etc.)
Verkäufer: „Soso ..." (und hört im übrigen wohlwollend zu). Der Kunde wollte sicherlich ganz bewußt erreichen, daß der Verkäufer sich in irgendeiner Weise äußert und sich damit in das negative Gespräch verwickelt. Klatsch über Mitbewerber ist leider ein oft geübtes aber dennoch äußerst gefährliches Spiel für den Verkäufer. Er kann sehr leicht mit in die ganze Angelegenheit hineingezogen werden! Er macht dann vielleicht Aussagen, die er besser unterlassen hätte. Wer aber nur „aha" (oder „Na, so etwas!", oder „Sieh mal an") sagt, verpflichtet sich nicht. Er kommentiert lediglich die Aussagen des Gesprächspartners insoweit, als er zu erkennen gibt, daß er sie vernommen hat, bestenfalls noch, daß er darüber erstaunt ist.

Methode:
- Neutralität bewahren!

Ratschläge und Regeln:
- Seien Sie auf der Hut, daß der Kunde Sie nicht dazu bringt, negative Äußerungen über Dritte zu machen.
- Verwenden Sie neutrale Äußerungen.
- Gute Verkäufer achten peinlich genau auf ihre Aussagen, weil sie wissen, wie ausschlaggebend diese sein können.
- Man soll immer wissen, was man sagt, aber nicht alles sagen, was man weiß!

151 Medizinmänner in Afrika verkaufen Ideen

Über 30 Jahre habe ich in Afrika gelebt und mich sehr für die psychologischen Behandlungsmethoden der Medizinmänner interessiert. Im Englischen heißen sie „Witch doctor". Diese hochgeachteten Männer lösen viele Probleme und Fragen mit psychologischen Methoden.

Zum Beispiel, wenn ein Schaf im Kraal gestohlen worden ist, wird der Medizinmann mit großem Geschick schnell den Dieb herausfinden. Er verfährt etwa nach folgendem Muster:

Er läßt die Verdächtigen, sagen wir einmal zehn Leute, antreten und überreicht jedem einen Stock, jeweils von gleicher Länge. Mit ernster Miene bittet er alle, die Stöcke mit nach Hause zu nehmen und am nächsten Morgen noch einmal alle mit den Stöcken erneut bei ihm zu erscheinen. „Wir werden dann morgen früh feststellen, wer der Dieb ist, denn sein Stock wird über Nacht 2 cm wachsen!"
Alle glauben natürlich – das ist in Afrika nun einmal nicht anders – blindlings ihrem Medizinmann, auch der Dieb! Er denkt: ‚Ich werde mich doch nicht entlarven lassen!' und schneidet nachts 2 cm ab. Am nächsten Morgen werden die Stöcke verglichen und der Dieb ist schnell gefunden, denn sein Stock ist zwar nicht 2 cm länger, dafür aber 2 cm kürzer als die anderen Stöcke geworden.

Methode:
- Einsatz von psychologischen Tricks
- Methode in Europa nicht anwendbar (oder vielleicht doch?)

Ratschläge und Regeln:
- Diese Geschichte sollte nur demonstrieren, wie stark der Glaube an Autoritäten sein kann.
- Auch wir werden mit psychologischen Methoden konfrontiert.

152 Kleider machen Leute

In vielen Branchen bemerkt man immer wieder, daß längst nicht alle Verkäufer – ihrer Branche entsprechend – gekleidet sind. Manche sehen aus, als seien sie gerade eben erst von der Fußgänger-Passage hereingekommen, wo sie bis dahin Musik machten ... Mehr Korrektheit im äußeren Erscheinungsbild einiger Verkäufer wäre sicherlich für manchen Kunden etwas vertrauenerweckender. Eine Dame im Juweliergeschäft, dezent und elegant gekleidet, wirkt sicherlich umsatzsteigernd. Gern beobachtet man sie dabei, wie sie ein Samttuch auf die Theke legt und die Schmuckstücke behutsam darauf ausbreitet.

Methode:
- Korrekte, dem Rahmen entsprechende Kleidung
- Durch branchenbezogene Kleidung Atmosphäre schaffen

Ratschläge und Regeln:
- Manche Leute sollten sich ruhig etwas mehr Gedanken über ihre Garderobe machen.
- Als Chef sollten Sie den Mut haben, auch in dieser Richtung entsprechende Direktiven zu erteilen.
- Vor allem: Seien Sie diesbezüglich stets ein gutes Vorbild!

153 Nutzen Sie Wartezeiten optimal aus

In zunehmendem Maße müssen Top-Verkäufer oft bei Einkaufs-
verbänden, Zentralen, großen Verbrauchermärkten etc. im War-
teraum Platz nehmen und warten, bis sie aufgerufen werden. Es
sitzen dort manchmal 5–10 Verkäufer! Geduldig wartet man, bis
man an der Reihe ist, denkt allerdings oft, ob man nicht doch noch
einmal weggehen und später noch einmal herkommen sollte und
inzwischen andere Kunden in der Nähe aufsuchen könnte. Es ist
wie ein Lotto-Spiel.

Gute Verkäufer nutzen jedoch auch diese Wartezeiten in positi-
vem Sinne. Sie

- führen Gespräche mit Kollegen über die Einkaufsgewohn-
  heiten des Verhandlungspartners,
- führen Fachgespräche über Marktentwicklung und
  -trends,
- tauschen Verkaufsideen- und Techniken untereinander
  aus,
- bearbeiten schriftliche Angelegenheiten, die sie im Koffer
  liegen haben,
- studieren ihren Terminplan für die kommende Woche, machen Notizen über beabsichtigte Aktivitäten,
- versuchen, sich bewußt zu entspannen durch legere Körperhaltung und stille Meditation.

Die Zeit wird nicht mehr; auch der heutige Tag hat – trotz aller
Fortschritte – nur 24 Stunden. Deshalb müssen wir versuchen, die
kleinen „Zeitreserven" zu nutzen. Zeit hat man nicht, die muß
man sich nehmen!

Methode:
- Zeit bewußt nutzen
- Zeitdiebe erkennen und abwehren

Ratschläge und Regeln:
- Vieles im Leben kann man kaufen – Zeit nicht!
- Nutzen Sie die Wartezeiten für konstruktives Denken und
  Arbeiten oder zur Entspannung!
- Machen Sie es zu Ihrem Slogan: „Wie kann ich meine Zeit
  jetzt und hier am besten nutzen?"

154 Denken mit Papier

Überall in der täglichen Begegnung mit Menschen habe ich die Beobachtung gemacht, daß sehr viele ihren Kopf zu sehr mit mannigfachen Problemen, Schwierigkeiten und Ideen belasten, die in kunterbunter Folge – ungeachtet der Möglichkeiten eventueller Realisierbarkeit – ihre Gedankenwelt ausfüllen. Spricht man mit diesen Leuten, glaubt man fast, sie quellen über vor Gedankensplittern, ungelösten Fragen, angerissenen Ideenskizzen. Konkret aber hört man selten eine Problemlösung, eine befriedigende Antwort, ein zufriedenstellendes Fazit all ihrer Überlegungen. Begegne ich solchen Menschen, rate ich ihnen oft, die Technik des „mit Papier und Bleistift Denkens" anzuwenden. Bereits durch das Niederschreiben bestimmter Vorhaben, Ziele, Pläne, Fragen und Problemstellungen gewinnt man eine gewisse Übersicht, verschafft sich Klarheit und Transparenz! Außerdem wird dadurch das Gehirn entlastet, denn was man „Schwarz auf Weiß besitzt kann man getrost nach Hause tragen . . ." und wird es nicht vergessen. Durch die Auflistung verschaffen Sie sich einen Überblick, erhalten Sie leichter die Einsicht über Gewichtigkeit und Prioritäten, können Punkt für Punkt „abhaken", was erledigt ist (übrigens auch ein kleines Erfolgserlebnis – je mehr Sie abhaken, desto freier fühlen Sie sich!).
Viele Menschen leiden heute unter „geistiger Verstopfung". Sie könnten Abhilfe schaffen, wenn sie mit Papier und Bleistift arbeiten würden und sich zum Motto machten: Plane deine Arbeit und arbeite nach Plan!

Methode:
- Mit Papier und Bleistift denken

Ratschläge und Regeln:
- Versuchen Sie, Ihren Kopf soweit es geht zu entlasten, und halten Sie alles schriftlich fest.
- Sie verlieren dann die Angst, etwas zu vergessen, und schaffen Transparenz für die zu erledigenden Aufgaben und Pflichten.

155 Zu welcher „Geschwindigkeitsgruppe" gehören Sie?

Eigentlich ist mir die nachstehend geschilderte Erkenntnis zuerst durch die Beobachtung von familiären Situationen gekommen. Ich stellte fest, daß wir innerhalb der Familie ganz unterschiedliche Geschwindigkeiten entwickeln. Sei es in der Arbeitsweise, in unseren körperlichen Bewegungen oder in unserer Denkweise. Gott-sei-Dank gehören meine Frau und ich offensichtlich der gleichen Geschwindigkeitsgruppe an, nämlich der sehr schnellen. Sie hat allerdings den Nachteil, daß man schnell ungeduldig wird im Umgang mit Menschen der 2. und besonders der 3. Gruppe. Wenn es einmal mit Familienmitgliedern zu Disharmonien kommt, ist der auslösende Faktor eigentlich immer diese unterschiedliche Geschwindigkeit. Seither teile ich die Menschen in die drei Geschwindigkeitsgruppen ein:

1. sehr schnell
2. Durchschnitt
3. langsam

Auf den Verkaufssektor bezogen heißt das also:

Wenn ein Außendienstmitarbeiter beispielsweise einen Marktleiter besucht, der zur Gruppe Nr. 1 gehört, und er selbst vielleicht eher dem Typ Nr. 3 entspricht, dann könnte es durchaus sein, daß er diesem Marktleiter als zu lahm erscheint. Der Marktleiter könnte bald ungeduldig werden und schnell die Zuhörbereitschaft verlieren.

Auf der anderen Seite, wenn ein „langsamer" Kunde von einem „sehr schnellen" Verkäufer besucht wird, sollte sich der Verkäufer darüber im klaren sein, daß er seinem „langsamen" Kunden schon etwas mehr Zeit zum Überlegen, Durchdenken und zur Entscheidungsfindung lassen muß. Genauso muß sich der im erstgenannten Beispiel genannte „lahme" Verkäufer bemühen, seine Präsentation und sein Verkaufsgespräch besonders zügig abzuwickeln.

Beobachten Sie einmal die Menschen, und schon bald werden Sie sie in die drei Gruppen einteilen können. Sehen Sie z. B. zu, wie schnell jemand beim Läuten des Telefons zum Hörer greift; ob er während des Gesprächs hurtig zum Notizblock greift um mit eiligen Schriftzügen einige wenige Wörter oder Zahlen aufs Papier zu schreiben usw. usw. Und natürlich erkennen Sie an seinem

Sprechtempo sehr viel. Ich glaube, daß kein Mensch, der in seinen physischen Ausführungen und Arbeitsabläufen geruhsam und bedächtig ist, zu den „Schnellsprechern" gehört, und umgekehrt wird niemand, der rasch und ohne lange Pausen spricht, in seinen sonstigen Tätigkeiten zu den „Langsamen" gehören.

Methode:
- Sich selbst einer der drei Geschwindigkeitsgruppen zuordnen
- Diese Geschwindigkeitsklassifizierung möglichst der des jeweiligen Partners etwas anpassen

Ratschläge und Regeln:
- Überlegen Sie, ob Sie zur Geschwindigkeitsgruppe 1, 2 oder 3 gehören.
- Versuchen Sie, sich im Gespräch, im Auftreten, in Ihrer Präsentation dem Kunden möglichst anzupassen, denn gleich und gleich gesellt sich gern!
- Achten Sie künftig darauf, in welche Geschwindigkeitsgruppen Ihre jeweiligen Partner einzuordnen sind, und tolerieren Sie diese, sofern Sie sich ihnen nicht genügend anpassen können.

WER SICH GEDULD ANEIGNEN WILL,
LERNT ES ALS VERKÄUFER AM
SCHNELLSTEN!

156 Welcher Weg führt nach Mekka?

Die Fragetechnik spielt – wie schon öfter erwähnt – im Verkauf, beim Unterricht wie im Umgang mit Menschen generell eine sehr wichtige Rolle. Wer die Fragetechnik beherrscht, führt auch meistens das Gespräch. Die Wirksamkeit der gekonnten Fragetechnik kann gut durch folgenden kleinen Test demonstriert werden: (Dieses Rätsel hörte ich vor vielen Jahren!)
In der Wüste sitzt ein Araber an einer Kreuzung im Sand, und es wird angenommen, daß er stets lügt. Ein zweiter Araber kommt zu dieser Kreuzung und möchte den richtigen Weg nach Mekka erfahren. Wie formuliert er nun die Frage nach dem richtigen Weg? Fragt er, auf einen der Wege deutend: ‚Führt dieser Weg nach Mekka?' wird er, da der erste Araber bekanntlich nie die Wahrheit sagt, eine falsche Antwort bekommen, gleichgültig, auf welchen Weg der Fragende deutet. Aber wie muß er fragen, um die richtige Antwort zu erhalten?

(„Welcher Weg geht nicht nach Mekka?")

Methode:
- Verwendung der richtigen Fragetechnik

Ratschläge und Regeln:
- Nutzen Sie verstärkt die Macht der gekonnten Fragetechnik.
- Besuchen Sie ein Seminar, in dem die Fragetechnik behandelt wird.
- Überlegen Sie, welche Fragen Sie für den Verkauf Ihrer Produkte in der Eröffnungsphase, in der Überzeugungsphase und in der Abschlußphase verwenden können.

157 Jeder ist für sein Gesicht selbst verantwortlich

Vor einiger Zeit lernte ich anläßlich eines Seminars in der Kongreß-Halle in Hannover einen Arzt kennen. Er sagte u. a.: „Jeder Mensch ist für sein Gesicht selbst verantwortlich!" Dieser frappierende Satz gab mir zu denken, und ich glaube heute auch, daß es der Mensch selbst in der Hand hat, seinem Gesicht einen freundlichen, mürrischen, verkniffenen, abweisenden oder entgegenkommenden Ausdruck zu verleihen. Allein in den Augen spiegelt sich vieles über den Menschen wider. Die Augen können einem Gesicht unendlich viel Schönheit verleihen, auch wenn z. B. die Nase ein wenig zu groß geraten ist!

Wer anderen Menschen wohl gesonnen ist, wer eine positiv eingestellte Lebensphilosophie besitzt und auch nach ihr lebt, wird ein harmonisch wirkendes, ausgeglichenes Gesicht haben. Wer jedoch über Jahre hinweg ein Nihilist, ein Zweifler, ein Neinsager ist, dessen Gesicht wird von Falten zerklüftet, dessen Mundwinkel werden nach unten gezogen verlaufen. Wer gern und zu jeder Zeit zu einem Scherz und zu einem Lächeln bereit ist, wer über sich selbst lachen kann, dessen Miene wird heiter und fröhlich wirken, auch wenn er vielleicht ein paar Falten im Gesicht hat. Wer hingegen gegen alles und jeden etwas einzuwenden hat und nur die Schattenseiten des Lebens sehen will, dessen Physiognomie wird entsprechend verkniffen und freudlos sein. Es ist wohl keine Frage, daß Menschen mit freundlichen, gelösten und fröhlichen Gesichtern positiver auf ihre Umwelt wirken und mit Sicherheit mehr Erfolg bei ihren Mitmenschen haben als die „Griesgrame".

Methode:
- Das Gesicht spiegelt die Persönlichkeit
- Positive Ausstrahlung

Ratschläge und Regeln:
- Es kostet nichts, höflich und freundlich zu sein, und Ihr Gesicht wird die Bereitschaft zu dieser Freundlichkeit signalisieren.
- Die geschmackvollste Garderobe nutzt mit einem mürrischen Gesicht als „Krönung" wenig!
- Lieber der Welt 10 Lachfältchen zeigen, als eine Gramfalte über der Nasenwurzel!

158 Hier haben Sie die Autoschlüssel!

Eine bekannte Autofirma in Deutschland hatte gute Verkaufserfolge, indem sie dem Kunden die Möglichkeit gab, das Auto von vornherein richtig kennenzulernen. Viele Autoverkäufer können die Wagen im Ausstellungsraum so viel und so gut anpreisen, wie sie wollen, und trotzdem glaubt der Kunde nicht immer spontan, was ihm erzählt wird. Kunden müssen die Produkte erleben können, um sich entscheiden zu können. Manches Verkaufsgespräch könnte erheblich eingeschränkt und zeitlich reduziert werden, wenn der Kunde mit seinen Sinnen das Produkt intensiver erfassen könnte.

Man ging also bei der besagten Autofirma zu der Praxis über, ernstzunehmenden Kunden die Autoschlüssel mit den Worten in die Hand zu drücken: „Hier haben Sie den Schlüssel – dort draußen steht der Wagen – nehmen Sie ihn über das Wochenende mit nach Hause und fahren Sie den Wagen zur Probe. Zeigen Sie ihn Ihrer Familie (und den Nachbarn) – Sie können uns dann Montag Bescheid geben."

Der Umsatz stieg daraufhin erheblich!

Methode:
- Probieren lassen
- Erlebniswert ansprechen

Ratschläge und Regeln:
- Den Kunden ausprobieren zu lassen, erspart Tausende von Worten.
- Gewinnen Sie die Einkaufsbeeinflusser, Familienangehörige, Nachbarn, Freunde.
- Lassen Sie den Kunden das Produkt in der Praxis erleben.

159 Darf ich Sie beraten?

Vor vielen Jahren habe ich sehr nette Menschen in London kennengelernt, die mich zu sich eingeladen hatten. Ich wollte mich damals für die Einladung revanchieren und schlug ein paar Tage später vor, daß wir chinesisch essen gehen. Gern nahmen sie die Einladung an. Ich hatte noch niemals zuvor chinesisch gegessen, und als der Ober mir die Karte reichte, war ich ziemlich unbeholfen und ratlos.

Seine Hilfestellung in dem Satz: „Darf ich Sie beraten?" kam mir in diesem Moment mehr als gelegen! Mit viel Begeisterung und seinem asiatischen Lächeln schlug er vor: „Ich lasse für Sie alle gemeinsam eine schöne große Platte herrichten, mit etwas von allem, was wir in der chinesischen Küche zu bieten haben!" Wir stimmten alle zu.

Erst beim Verzehren des Mahls fiel mir auf, daß ich nun durch diese Pauschalberatung und -bedienung gar nicht wußte, wie teuer die ganze Geschichte werden würde. Mir wurde schon etwas angst und bange, und die Frage war nicht wegzudrängen, ob ich überhaupt genügend Geld bei mir hatte, dieses exzellente Essen zu bezahlen. Die Rechnung kam, war natürlich wesentlich höher, als ich ursprünglich etatmäßig vorgesehen hatte, und konnte gerade eben noch unter Ausschöpfung des letzten Vorrates aus meinem Portemonnaie beglichen werden. Seit diesem Erlebnis im China-Restaurant bin ich begreiflicherweise immer etwas vorsichtig und zurückhaltend, wenn mich jemand in so globaler Form „beraten" will, obwohl ich zugeben muß, daß die Technik dieses gewitzten Obers nicht die schlechteste war – im Sinne seines Hauses, versteht sich!

Methode:
- Wer keinen Preis nennt, hat freie Hand!

Ratschläge und Regeln:
- Wer andere beraten will, ist nicht immer objektiv.
- Eine gute Beratung kann auch oft im Sinne des Beraters liegen.
- Aus Fehlern wird man klug!

160 Das Geheimnis der Verkaufskanonen

Über viele Jahre hinweg hat mich die Frage beschäftigt, warum einige Verkäufer erfolgreicher als andere sind. Liegt es am Aussehen, an den besseren Beziehungen, an mehr fachlichem Können, an einem besseren Gebiet oder an welchem Umstand sonst? Durch meine Zusammenarbeit mit Hunderten von Verkäufern der unterschiedlichsten Branchen konnte ich viele Aspekte des Verkaufs durchleuchten. Heute glaube ich zu wissen, warum die sogenannten Verkaufskanonen erfolgreicher sind als ihre Kollegen: Das Geheimnis liegt einfach darin, daß sie mehr Erfolgswillen und Ausdauer besitzen als der durchschnittliche Verkäufer. Man kann davon ausgehen, daß die besten Verkäufer auch mehr arbeiten als die anderen. Aber dieses Mehr an Arbeit allein genügt noch nicht und macht noch nicht den Erfolg aus. Sie können auch Tiefschläge, Mißerfolge und sich nur zögernd einstellende Erfolge mit mehr Langmut und Geduld „ertragen" und lassen sich keinesfalls von diesen Faktoren entmutigen, sondern sie fassen immer wieder erneut Mut und glauben einfach an ihren letztendlichen Erfolg. Ihre Devise lautet: Nicht lockerlassen in dem Bestreben, das gesteckte Ziel doch noch zu erreichen, auch wenn der Weg dorthin noch so beschwerlich ist. In fast allen Fällen haben dieser Erfolgswille, die Ausdauer, der nicht nachlassende Fleiß eines Tages den ersehnten Erfolg gebracht.

Methode:
- Erfolgswille und Ausdauer
- Fleiß

Ratschläge und Regeln:
- Schon bei einem Einstellungsgespräch können Sie hinsichtlich dieser Eigenschaften (Erfolgswille, Ausdauer, Fleiß) einiges erkennen. Achten Sie darauf!
- Gerade Verkäufer, die eine harte und schwierige Jugend hatten, möglicherweise auch eine unzureichende schulische Ausbildung, werden später manchmal die besten Verkäufer. Allerdings benötigen sie dann, zumindest anfangs, vermehrte Hilfestellung und Motivation.
- Keine Erfolgsformel ist so wichtig wie: Erfolgswille und Ausdauer verhelfen zum Erfolg!

Tip für:	o **Werbetexter**	o **Verkäufer**
	o **Verkaufsförderer**	o **Einzelhandel**
	o **Marketingleiter**	o **Fachhandel**

161 Das Wort „neu" bleibt neu!

Vor einigen Jahren habe ich einmal in einem Werbefachblatt gelesen, daß untersucht worden ist, welche Wörter in Werbeanzeigen die stärkste Aufmerksamkeit wecken. Dabei kam heraus, daß das Wort „neu" an erster Stelle steht. Sicherlich gibt es auch noch andere Wörter, die sich dazu eignen, die Aufmerksamkeit schnell auf sich oder ein Produktangebot zu lenken. Obwohl natürlich bildliche Darstellungen immer zugkräftiger sind, hat rein verbal gesehen das Wort „neu" eben eine gewisse Priorität. Wenn Sie Broschüren, Werbeprospekte oder Anzeigen entwickeln, dann denken Sie an die Zugkraft des Wortes „neu", denn „neu" bleibt „neu"!

Bei der Gesprächsführung, im Fach- und Einzelhandel ist es allerdings vom Außendienstler nicht unbedingt klug, dieses Wort zu oft zu verwenden, weil die Geschäfte heute mit „neuen" Produkten förmlich überschüttet werden. Die Formulierung „wir haben hier ein neues Produkt" kann sogar mitunter eher dazu führen, daß der Kunde sagt: „Jetzt kommen Sie auch noch mit etwas Neuem, wohin soll ich nur damit?" Also: Beim Kundengespräch schon etwas vorsichtig sein mit der Verwendung des Wortes „neu".

Methode:
- Das Wort „neu" verwenden, um Aufmerksamkeit zu wecken, jedoch nur dort, wo es auch angebracht und vor allem vertretbar (!) ist

Ratschläge und Regeln:
- Durch das Wort „neu" können Sie bei Anzeigen, Broschüren usw. schnell die Aufmerksamkeit des Lesers gewinnen.
- Auch Anzeigen konkurrieren miteinander bezüglich des Grades der Aufmerksamkeitsgewinnung.
- Außendienstmitarbeiter sollten allerdings etwas vorsichtig sein bei der Verwendung des Wortes „neu" im Verkaufsgespräch.

Tip für:	o **Vertreter**	o **Marketingleiter**
	o **Verkaufsleiter**	o **Chefs**

162 Ist der wichtigste Satz wirklich der „Um"-Satz?

Viele Jahre lang behauptete man, daß der Umsatz der wichtigste Satz sei. Viele dynamische und ehrgeizige Verkaufsleiter haben ihre Verkäufer angetrieben, mehr und mehr Umsatz zu bringen. Trotz alledem mußte man am Jahresende erkennen, daß die Gewinne nicht unbedingt gestiegen waren, dafür allerdings die Kosten.

In Zukunft wird daher viel renditebezogener gearbeitet werden müssen. Verkäufer werden im Interesse des Gesamtwohls der Firma provisionsmäßig gelenkt, gewinnträchtige Produkte zu forcieren. Am Markt orientierte Firmen haben diesen Trend längst erkannt und handeln danach.

Methode:
- Gewinnbringend verkaufen
- Kunden-Analyse
- Kostenbewußt arbeiten
- Telefonverkauf bei Kleinkunden einsetzen

Ratschläge und Regeln:
- Lassen wir uns nicht allein durch hohe Umsatzzahlen den Blick für die Wirtschaftlichkeit trüben! Auf den Gewinn kommt es an!
- Analysieren Sie Ihre Verkaufsergebnisse, um festzustellen, ob Sie es verstanden haben, auf nichtlohnende Geschäfte zu verzichten.
- Haben Sie den Mut, einem Kunden auch einmal ein klares Nein entgegenzusetzen, wenn er übergebührliche Preiskonditionen verlangt.

163 Ein kleines Abc für die Formulierungskunst

(Zustimmungs- und Einwandformulierungen)

Ansicht:
Das ist eine durchaus überzeugende Ansicht, dennoch ... Ihre Ansicht ist richtig, für den Fall, daß ...

Argumente:
Ihre Argumente stimmen, wenn wir von dem Fall ausgehen, daß ...

Aspekte:
Diesen Aspekt habe ich noch gar nicht richtig bedacht ...

Bedenken:
Selbstverständlich hegen wir nicht den geringsten Zweifel an der Berechtigung Ihrer Bedenken, jedoch ...

beruhigen:
Darüber kann ich Sie absolut beruhigen, denn ...

bestätigen:
Sie werden uns doch aber sicher bestätigen können, daß ...

Denken:
Sie denken bestimmt an ..., wenn Sie bemängeln, daß ...

deshalb:
Daran haben wir auch schon gedacht, deshalb haben wir ...

Einwand:
Ihr Einwand überrascht mich – darf ich um eine Begründung Ihrer Ansicht bitten?
Ihr Einwand ist verständlich, in der Praxis allerdings ... Wie, bitte, darf ich Ihren Einwand genau verstehen?

Erfahrung:
Nun, Sie wissen doch sicher aus Ihrer eigenen Erfahrung, daß ...

Erwähnen:
Ich vergaß wohl, zu erwähnen, daß ...

Fachmann:
Sie als Fachmann verstehen doch besonders gut, daß ...

Fall:
Wir sollten vielleicht gerade in Ihrem Fall bedenken, daß ...
Jedes Ding hat bekanntlich zwei Seiten, aber in Ihrem Fall zählt doch in erster Linie, ...

Fehler:
Wir sind stets bereit, Fehler einzugestehen ...

Frage:
Das ist eine Frage, die uns mit Recht immer wieder gestellt wird ...

Sie stellen damit eine interessante Frage, die sich so beantworten ließe ...

Sie werfen hier eine sehr wichtige Frage auf, darf ich dazu erklären ...

Darf ich Ihnen die Frage stellen: Haben Sie den vermuteten Nachteil in der Praxis denn schon einmal erlebt?

gelegentlich:
Das hört man zwar gelegentlich, aber ...

„gerade darum":
Das Bessere ist der Feind des Guten; gerade darum haben wir ...

glauben:
Sie glauben doch aber sicher auch, daß ...

Hinweis:
Vielen Dank für Ihren nützlichen Hinweis ...

Idee:
Ihre Idee ist gut durchdacht, deshalb ...

Information:
Sie sind völlig richtig informiert, aber ...

Irren:
Irren ist bekanntlich menschlich, deshalb verzeihen Sie sicher, wenn ...

Kalkül:
Das haben wir auch schon ins Kalkül gezogen, und darum ...

Kehrseite:
Richtig, aber jede Medaille hat ja bekanntlich auch eine Kehrseite ...

Meinung:
Auf diese Meinung bin ich schon öfter gestoßen, indessen ...

Mißverständnis:
Hier liegt vielleicht ein kleines Mißverständnis vor ...

Nachteil:
Natürlich, aber ein Nachteil ist ja fast überall in Kauf zu nehmen! Warum, glauben Sie, ist das ein Nachteil?

Partner:
Sie, als unser langjähriger Partner, ...

Praxis:
Ich vermutete am Anfang meiner Praxis auch, daß ..., aber heute weiß ich, daß ...

Theorie und Praxis sind stets zweierlei, es kommt nur darauf an, wie Sie in der Praxis vorgehen!

Gestatten Sie, daß ich Ihnen gleich von der Praxis her antworte?

Problem:
Ich versuche durchaus, das Problem mit Ihren Augen zu sehen, und darum ...
Wir sind uns Ihres Problems durchaus bewußt und haben ...

Punkt:
Sie treffen genau den Punkt, auf den es ankommt. Vergessen Sie aber bitte nicht, daß ...
Richtig, aber das ist ein Punkt, auf den ich später ohnehin zurückgekommen wäre ...

rechthaben:
Allerdings, da haben Sie recht, Sie sollten nur bedenken, daß ...

sagen:
Das kann man wohl sagen, man muß jedoch berücksichtigen, ...

Schluß:
Ich verstehe, daß Sie zu diesem Schluß kommen mußten. Sie haben aber übersehen, daß ...

Sonne – Schatten:
Sie haben vorhin selbst bemerkt: Wo Sonne ist, ist auch Schatten ...

Standpunkt:
Selbstverständlich haben wir für Ihren Standpunkt volles Verständnis, jedoch bitten wir, ...

teuer:
Wenn Sie teuer sagen, dann vergleichen Sie sicher mit einem anderen Fabrikat – mit welchem, bitte?

überlegen:
Sie überlegen sehr fachmännisch, dennoch ist einzuräumen, ...
Ihre Antwort zeigt, wie genau Sie überlegen, aber ...

versuchen:
Wollen wir gemeinsam versuchen, das Beste aus der Sache zu machen?

wichtig:
Was ist denn bei Ihnen speziell wichtiger?

Wünsche:
Wir versuchen bestimmt, Ihren Wünschen weitestmöglich entgegenzukommen, aber hier ...

Zeit:
Ich weiß, daß Sie wenig Zeit haben; deshalb will ich mich kurz fassen ...

QUELLE: Das große Buch der Rhetorik. F. Englisch Verlag, Wiesbaden

164 Abc-Stichpunktliste

Der gute Verkäufer:
appelliert an ...
    Vernunft
    Verständnis
arbeitet ...
    ausdauernd
    bewußt
    gewinnbringend
    intensiv
    konzentriert
    mit Lust und Liebe
    planmäßig
    reell
    schnell
    systematisch
    vernünftig
argumentiert ...
    anhand von Statistiken
    bildhaft
    kurz und klar
    mit Beweismitteln
    prägnant
    sachlich
    überzeugend
    vernünftig
    wahrhaftig
beantwortet Einwände mit ...
    der Ja- und – Methode
    der Demonstrationsmethode
    der Plus/Minus-Methode
    der Vorwegmethode
    einer Story
    gekonnter Überhörtechnik
    Humor und Schlagfertigkeit
beantwortet Fragen ...
    aufrichtig
    mit Fakten und Daten

mit Sachlichkeit
präzise
schlagfertig
schnell
zielgerecht

behandelt ...
Aufträge korrekt
Einwände richtig
Firmeneigentum sorgfältig
Kunden überlegt
Reklamationen umgehend
Schwierigkeiten besonnen
Ware umsichtig

besitzt ...
Beeinflussungskraft
Redegewandtheit
Tatkraft
Umgangsformen
Zielstrebigkeit

besorgt Vorinformationen von ...
Auslieferungslager
Besuchsnotizen
Kollegen
Mitbewerbern
telefonischen Auskünften
Vorgängern
Vorgesetzten

besucht ...
Auslieferungslager
direkte Vorgesetzte
entwicklungsfähige Kunden
Fortbildungskurse
neue Kunden
Seminare
Trainingskurse
Vorträge

braucht ...
Anerkennung
Ausdauer
Demonstrationsmaterial
Diplomatie
Display-Material
Energie

Entspannung
Erfindungsgabe
Erfolgserlebnisse
Firmenunterstützung
gutes Werkzeug
kleine Geschenke
Selbst-Motivation
Selbstvertrauen
Wortschatz

bringt ...
Aufträge
Beweise
Gewinne
Informationen
neue Erkenntnisse
neue Ideen
Vorteile

denkt ...
bevor er spricht
häufig nach
intensiv
planmäßig
rationell
schnell

eliminiert ...
Faulheit
Hochdruckverkauf
Mißmut
negative Äußerungen
Planlosigkeit
Trägheit
Ungeduld
unnötige Besuche
Zweifel

entwickelt ...
Anpassungsfähigkeit
Arbeitsfreude
Beharrlichkeit
Gerechtigkeitssinn
Menschenkenntnis
Namensgedächtnis
Phantasie
Verläßlichkeit

erarbeitet ...
- Berichte
- Besuchstouren
- Fakten
- Ideen
- Konzeptionen
- Kundenunterlagen
- PR-Maßnahmen
- Tagespläne
- Termine
- Verkaufsgespräche

erkennt ...
- Bedürfnisse
- den günstigen Zeitpunkt
- den richtigen Weg
- die Situation
- Gefahren
- Kaufmotive
- Kundenabwanderung
- Kundenprobleme
- Verbraucherwünsche
- Verkaufschancen

erledigt ...
- Anfragen
- Berichte
- Firmenwünsche
- „Hausaufgaben"
- Kundenwünsche
- Reklamationen

erwirbt ...
- Fachbücher
- Fachkenntnisse
- Freunde
- Kontakte
- Selbstvertrauen
- Sympathie
- Vertrauen

fragt ...
- gezielt
- höflich
- spontan
- „wann"
- „warum"

„weshalb"
„wie"
„wieso"
„wo"
„wofür"

führt ...

Gespräche
Ideenkartei
Korrespondenz
Kundenkartei
Namenskartei
Statistik
Telefongespräche

führt das Gespräch ...

durch gute Entgegnung der Einwände
durch Ermittlung des Verkaufszieles
durch Lösungshilfen bei Problemen
durch Verarbeitung der erlangten Vorinformationen
mit visuellen Hilfsmitteln

gewinnt ...

Abschlüsse
Aufmerksamkeit
„Beeinflusser"
Dauerkunden
Informationen
Interesse
Ja-Antworten
Kenntnisse über Verbraucher-Nachfrage-Situation
Kunden
lukrative Aufträge

gibt ...

Anerkennung
Empfehlungen
Hilfestellung
nicht auf
Rat und Trost
sein Bestes
sparsam Rabatt
Vorschläge

glaubt an ...

die Kraft des positiven Denkens
die Zukunft
seine Firma

seine Kunden
sein Können
seine Produkte
sich selbst

findet Informationsquellen bei ...
Fernsehsendungen
Haus-Zeitschriften
Kollegen
Kunden
Presse
Rundfunk
Volkshochschulen
Vorgesetzten

kennt Bezirk bezüglich ...
Anzahl der Geschäfte
Bevölkerung
neuer Kunden
Kaufkraft
Kundenklassifizierung
künftiger Entwicklungen
rationellster Fahrtstrecke
Steigerungsmöglichkeiten
verbesserter Merchandising-Möglichkeiten

kennt Image-Probleme ...
aus der Kundensicht
frühere Enttäuschung
kein Vertrauen
keine Kundenvorteile
keine sonstigen Vergünstigungen
ungenügende Produktinformation

kennt Kundeneinwände ...
andere Bezugsquellen
andere Lieferanten
andere Pläne
andere Prioritäten
andere Verpflichtungen
Angst vor Entscheidungen
keine Kompetenz
kein Bedarf
kein Geld
kein Interesse
keine Lust
keine Zeit

Verärgerung
„will abwarten"
kennt Marktverhältnisse ...
    billigere Bezugsquellen
    Konkurrenz-Entwicklung
    Mitbewerber-Aktivitäten
läßt sich nicht ...
    abweisen
    aufhalten
    beirren
    entmutigen
    gehen
    verwirren
lebt ...
    bewußt
    gesund
    im Augenblick
    sparsam
    vernünftig
    zielstrebig
liebt ...
    Anerkennungsschreiben
    Aufgaben
    Ehrlichkeit
    Erfolg
    Humor
    neue Informationen
    seinen Beruf
    Schlagfertigkeit
macht einen Rundum-Blick ...
    bei Einkäufern
    bei Einkaufsbeeinflussern
    bei Sonderangeboten
    bei Sonderdisplay
    bezüglich Betriebsklima
    bezüglich Konkurrenzangeboten
    bezüglich Umschlagsgeschwindigkeit
muß ...
    am Ball bleiben
    an seinen Erfolg glauben
    argumentieren können
    Bedarfswünsche wecken
    früh beginnen

hart arbeiten
konzipieren
Kunden gewinnen
planen

nimmt . . .

Demonstrationsmittel mit
Einwände ernst
Hilfsmittel mit
Kritik an
Rat an
Wünsche entgegen

nutzt . . .

Display-Material
Gelegenheiten
jede Beziehung
jede Chance
jede Empfehlung
jede Prämie
jeden Wettbewerb
seine Arbeitszeit
seine Freizeit

sagt . . .

die Wahrheit!
„gesetzt den Fall . . .“
„Sie bekommen . . .“
„Sie gewinnen . . .“
„Sie verdienen . . .“
„Sie verstehen, . . .“

sammelt . . .

Adressen
Anekdoten
Argumente
Beispiele
Beweise
Grafiken
Ideen
Schaustücke
Storys

schafft . . .

Beziehungen
Dauerkunden
das Wichtigste zuerst
Freundschaften

Gelegenheiten
Vertrauen

setzt sich Ziele ...
Familienziel
Firmenziel
Lebensziel
Jahresziel
Monatsziel
Wochenziel
Tagesziel

spart ...
Aufwand
Energie
Geld
Kosten
Kraftstoff
Material
unnötige Besuche
Zeit

spricht ...
betont
bildhaft
in kurzen Sätzen
klar und deutlich
lebendig
nicht zu viel
nicht zu wenig

stellt ...
Anforderungen an sich selbst
Ansprüche an sich
die Firma voran
etwas dar
gezielte Fragen
Prioritäten
sich auf den Markt ein
Ware heraus

studiert ...
Anweisungen
Entwicklung im Markt
Gründe des Mißerfolges
Konkurrenzwerbung
Nielsen-Entwicklung
Tageszeitung

Trainingsinformationen
Umsatzzahlen
Verkaufsbücher

tut ...
Besonderes
es schnell
es sofort
es überlegt
etwas manchmal Unerwartetes
sein Bestes

überrascht Kunden ...
durch ein Geschenk
durch eine gezielte Frage
durch Gefälligkeiten
durch interessante Bemerkungen
durch Verwendung eines Gags
durch Visualisierung
mittels einer Empfehlung

übt ...
Ausdauer
Beobachtungsgabe
Denken
optimales Merchandising
Plakatschrift
Planungstechniken
richtige Menschenbehandlung
Selbstdisziplin
Sicherheit im Auftreten
Sprechtechnik
treffsicheres Argumentieren
unternehmerisches Denken
Verhandlungsgeschick
Zuhören

verkauft ...
ehrlich
Kundenvorteile
mit Lust und Liebe
Produktvorteile
selbstbewußt
„sich selbst"

vermeidet ...
Arbeitsunlust
Hochdruck-Verkauf

Pessimismus
Schmeicheleien
Schulmeisterei
Superlative
Trägheit
Verschwendung

zeigt ...

Anpassungsfähigkeit
Fachkenntnisse
Freundlichkeit
Geduld
Gelassenheit
Interesse
Kundenverbundenheit
Ordnungssinn
Privatinitiative
Produktwissen
Sympathie
Takt
Verantwortungsbewußtsein
viel Energie
Willenskraft

Tip für: o **alle im Verkauf Tätigen**

165 Arbeitstechniken und Methoden

Wie man die Aufmerksamkeit des Kunden gewinnt
- Außenwerbung und Firmenbeschilderung optimieren
- Coupon-System verwenden
- Gesundheitswelle ausnutzen
- Gratis-Proben verteilen
- Gutschein kombiniert mit Los verteilen
- Kundenmagneten schaffen
- Kundenstopper einsetzen
- Lockmittel einsetzen
- Örtliche Werbung (z. B. in Hotels)
- Wühlkörbe und Schütten aufstellen

Verkaufen Sie kundenorientiert
- Argumentation aus der Sicht des Kunden
- Beste Kundenbetreuung gewährleisten
- Einladungen akzeptieren
- Erkenntnis: Das Menschliche darf uns nie verlorengehen!
- Freundlichkeit und Höflichkeit sind oberstes Gebot
- Geduld aufbringen
- Informationssammlung über den Kunden anlegen
- Kontaktpflege stets im Auge behalten
- Kundenorientiertes Denken und Verhalten zeigen
- Kundenwünsche akzeptieren und erfüllen
- Kunden Zeit zum Überlegen lassen
- Mitgliedschaft in entsprechenden Clubs und Vereinen
- Neutralität bei heiklen Gesprächen wahren
- Persönliche Ansprache pflegen
- Problemlösungen anbieten
- Prompte Erledigung und Abwicklung der Aufträge
- Sympathieerzeugendes Auftreten und persönliche Ausstrahlung
- Unqualifiziertes Benehmen vermeiden
- Vermeidung von zu viel Aufdringlichkeit

Mehr Erfolg durch Formulierkunst
- Abschlußtechniken und -formulierungen beherrschen
- Argumentationsformulierungen optimal einsetzen
- Gute Gesprächseröffnungen parat haben

- Negativ-Formulierungen vermeiden
- Positiv-Formulierungen einstudieren
- Schlußappell nicht vergessen
- Verwendung optimaler Fragetechnik

Bessere Kommunikation, Kontakt und Teamarbeit
- Außendienstpraxis für Innendienstler durchführen
- „Das Wichtige hat Vorfahrt!"
- Erkenntnis erlangen: Wie und was machen die anderen?
- Kommunikationsanalyse erstellen und Zusammenarbeit optimieren
- Kontaktauf- und -ausbau
- Teamarbeit fördern
- Verständnis füreinander und interne Kommunikation verbessern
- Verwendung unterschiedlich-farbiger Formularblätter

Mitarbeitern im Verkauf helfen
- Arbeitsgemeinschaften innerhalb der Firma bilden
- Gedankenaustausch mit Kollegen pflegen und fördern
- Prinzip beherzigen: „Der Verkäufer ist unser erster Kunde"
- Verkäufern an der Front Schützenhilfe leisten und Rückenstütze bieten
- Zuständigkeiten transparent machen

Techniken der Selbstmotivation
- Den Tag mit einem Lieblingskunden beginnen
- Denkpausen einplanen
- Lob und Anerkennung aussprechen
- Mitarbeitern hilfreich und motivierend zur Seite stehen
- Mit sich selbst einmal einen Termin vereinbaren

Mut zum Außergewöhnlichen lohnt sich
- Humorvoll und schlagfertig sein
- Kunden zum Lachen bringen
- Originelle Ideen entwickeln
- Schockmethode einsetzen
- Überraschungen, Gags und Unerwartetes ausdenken

Einige nützliche Techniken
- Beherrschung und Beachtung der Blicksignale
- Blickkontakt pflegen
- Gesicht stets unter Kontrolle haben
- Körpersprache kennen und deuten

- Korrekte äußere Erscheinung
- Sich selbst und den Partner in die entsprechende „Geschwindigkeitsgruppe" einordnen
- Zahlen kundengerecht lesbar schreiben (auf den Kopf gestellt)

Mehr Erfolg durch Planung und Zeitnutzung
- Neue Route planen und befahren
- Plane die Arbeit und arbeite nach Plan
- Richtige, kosten- und zeitsparende Planung

Versuchen, Kunden psychologisch zu verstehen
- Ablenkungsfaktoren während des Verkaufsgesprächs möglichst vermeiden oder reduzieren
- Angebot knapp halten
- Erlebniswert des Kunden beachten und ansprechen
- Jeder Kunde will und muß ernst genommen werden
- Kunden möglichst oft mit Namen ansprechen
- Latente Wünsche ent- und aufdecken
- Prestigebedürfnisse beachten
- „Probierlust" ausnutzen
- Produkt „rar" machen
- Psychologisch durchdachte Formulierungen verwenden
- Sammlertrieb ansprechen
- Schnelleres Kennenlernen des Produktes ermöglichen durch Probieren-lassen (Sinne ansprechen)
- Sich immer wieder positiv in Erinnerung bringen

Wichtige Rede- und Gesprächskriterien beachten
- Kleine Informationseinheiten verabreichen
- Kunden aussprechen lassen
- Kurze, prägnante Sätze sprechen
- Pausentechnik beherrschen
- Superlative vermeiden
- Verständlich sprechen und erklären
- Zuhörtechnik beherrschen

Ideen für Verkaufsförderung und Serviceleistungen
- Abverkaufshilfen bieten
- Dienstleistungen auch einmal kostenlos durchführen
- Einsetzen guter Verkaufsförderungsmaßnahmen
- Ideenverkauf forcieren
- Individueller Service
- Kunden-Service – auch nach dem Abschluß
- Persönlicher Dienst am Kunden

- Regelmäßige Kundenbesuche und Betreuung durchführen
- Selbst vormachen – mit anpacken
- Sofort-Service einrichten
- Zusätzlich zu einer Dienstleistung ein kleines Präsent

Technik und Taktik des Verkaufs

- Alternativfragen stellen
- Drei-Stufen-Demonstrationstechnik
- Gespräch und Kontakt zum technischen Personal
- Gewinnung von Einkaufsbeeinflussern
- Heraus aus dem unmittelbaren Preisvergleich
- Mut haben, größere Bestellmengen anzubieten
- Namen, Beruf, persönliche Daten usw. erfragen
- Nicht stückweise, sondern kartonweise anbieten
- Optimale Anbiet- und Präsentationstechniken beherrschen
- Richtige Handhabung von Demonstrationsmaterialien
- Richtige Rabattgewährung
- Richtige und wichtige Verkaufsstrategien beherrschen
- Sich von anderen differenzieren
- „So-tun-als-ob"-Methode anwenden
- Über kleinen zum größeren Auftrag gelangen
- Überzeugen, daß Qualität sich bezahlt macht
- Überzeugen durch Beispiele
- Verbindung zwischen Produkt und Verwendung aufzeigen
- Vorinformationen beschaffen
- Zur richtigen Zeit abschließen

Mehr Verkaufserfolg durch Visualisierung

- Durch eine gute Optik zum Kauf „verführen"
- Fotos und bildliche Darstellungen (auch Grafiken und Kurven) einsetzen
- Mehrverkauf durch Visualisierung!
- Mit Papier und Bleistift (Buntstifte) denken
- Visitenkarten graphisch optimal konzipieren und gestalten

Voraussetzungen für umsatzsteigernden Verkauf

- Abc-Kundenliste erstellen
- Aktuelle Schaufenstergestaltung
- Antizyklischer Verkauf bestimmter Artikel
- Anwendung früher erworbener Kenntnisse
- Einführung von Geschenkschecks
- Einwand- und Argumentationsanalyse erstellen
- Faustregeln des Verkaufs kennen und anwenden

- Gewinnbringend verkaufen
- Gewinnung von zentralen Einkaufsstellen und -gremien
- Keine Angst vor Preisgesprächen!
- Kostenbewußt arbeiten
- Kostensparende Bezugsquellen ausnutzen
- Kunden „zur Ware hinführen" und ausprobieren lassen
- Mindestens fünf Produktvorteile auf Anhieb nennen
- Mobile Messe (Produktausstellungen) einrichten
- Neue Wege gehen
- Neukundenwerbung und -gewinnung
- Parkplatzprobleme erleichtern
- Qualitätsarbeit leisten
- Rechtzeitige Abgabe der Angebote für Etatplanung des Kunden
- Richtige Werbetechniken
- Rundum-Blick beim Kunden halten
- Spezifische Merkmale der Produkte kennen und nennen
- Zusatznutzen aufzeigen
- Zusatzverkauf nicht vergessen (u. U. unter Einsetzen von Erinnerungssymbolik)

Telefonverkauf gewinnt an Bedeutung
- Die Telefonvermittlung ist Ihre Visitenkarte!
- Hilfsbereitschaft – auch am Telefon
- Keine unqualifizierten (uninformierten und ungelernten) Kräfte in der Telefonzentrale arbeiten lassen
- Telefonverkauf bei Kleinkunden einsetzen

Verkaufstraining lohnt sich
- Ausdauer und Erfolgswillen trainieren
- Außendienst-Training
- Innendienst-Training
- Kundenschulungen
- Praxistraining
- Selbstsicherheitstraining
- Seminare für Großhandel
- Telefontraining

Erfolgreicher durch Zeitausnutzung
- Auch die Mittagspause ausnutzen
- Optimale Zeitnutzung (generell)
- Zeitdiebe erkennen und vereiteln

166 Und nun etwas zum Schmunzeln ...

Auch damit muß sich ein Verkäufer auseinandersetzen. Die Beispiele stammen aus Briefen, die an Versicherungen geschrieben wurden:

— Der Unglückswagen raste vorne in meinen Salon. Während der Reparaturzeit war ich nur beschränkt tätig. Ich konnte meine Kunden nur noch hinten rasieren und schneiden.

— Infolge meiner Eheschließung hat sich mein Name von „Tod" auf „Kummer" geändert. Ich bitte Sie, Ihre Unterlagen entsprechend zu ändern.

— Das Glas ist kaputt, ich schicke Ihnen einen Splitter von der Scheibe mit, woran Sie sehen sollen, daß sie hin ist, denn sonst wäre sie noch ganz und unbeschädigt.

— Ich bin schwer krank gewesen und zweimal fast gestorben. Da können Sie mir doch wenigstens das halbe Sterbegeld ausbezahlen!

— Die Brille muß ich für meine schwachen Nerven haben. Sie sind der einzige Körperteil, mit dem ich sehen kann.

— Die Massage hat meinem Handgelenk wieder auf die Beine geholfen.

— Mein Dachschaden wurde wie vorgesehen am Freitag morgen behoben.

— Ich bitte Sie, den o. g. Versicherungsschein um ein weiteres Kind zu ergänzen.

— Das Polizeiauto gab mir ein Signal zum Anhalten. Ich fand einen Brückenpfeiler.

— Hiermit möchte ich mir gestatten, Ihnen meinen Sohn als Unfall zu melden!

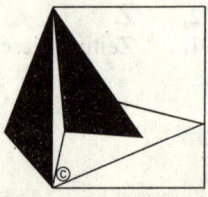

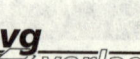